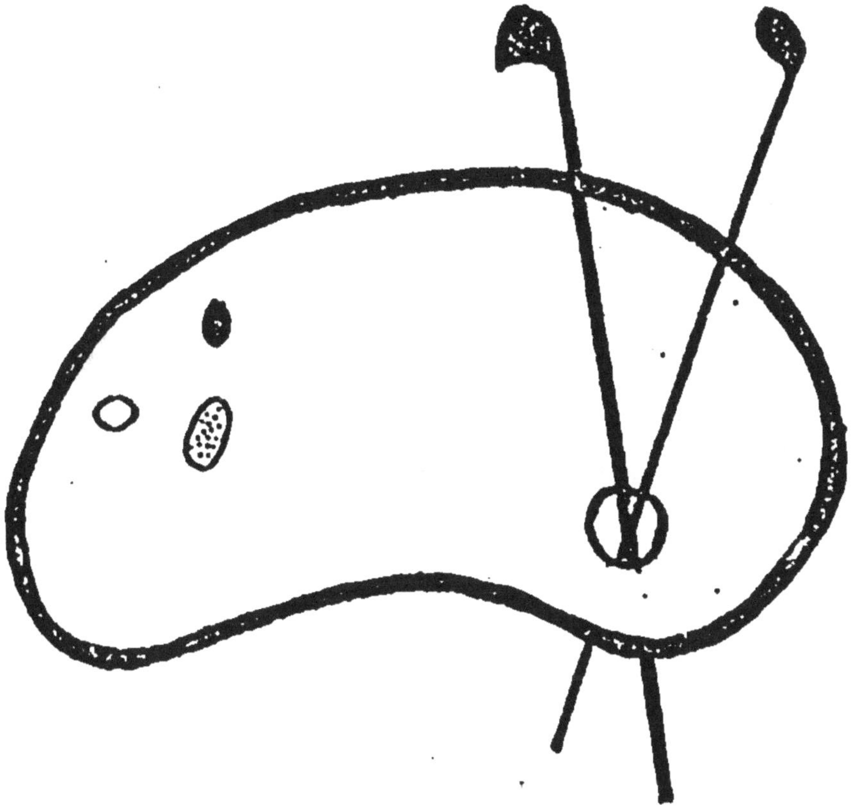

DEBUT D'UNE SERIE DE DOCUMENTS
EN COULEUR

ALFRED FOUILLÉE
Membre de l'Institut.

Les Études classiques et la Démocratie

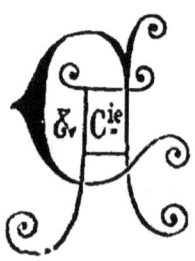

Paris, 5, rue de Mézières
Armand Colin & Cie, Éditeurs

Armand COLIN & C¹ᵉ, Éditeurs, 5, rue de Mézières, Paris.

L'Éducation de la Démocratie, par M. JULES PAYOT, inspecteur d'Académie. Une brochure in-16 (*Questions du Temps présent*)............ 1 »

L'Éducation dans l'Université, par M. HENRI MARION. Un volume in-18 jésus, broché....... 4 »

Études de Littérature européenne, par M. JOSEPH TEXTE. Un volume in-18 jésus, broché. 4 »

La Prévoyance sociale en Italie, par MM. LÉOPOLD MABILLEAU, correspondant de l'Institut de France, directeur du Musée Social, CHARLES RAYNERI, directeur de la Banque de Menton, et Cᵗᵉ DE ROCQUIGNY, délégué au service agricole du Musée Social. Un volume in-18 jésus, broché.................. 4 »

Auprès du Foyer, par M. CHARLES WAGNER. Un volume in-18 jésus, broché............ 3 50

L'ÉDUCATION ET LA SOCIÉTÉ EN ANGLETERRE

Ouvrage couronné par l'Académie française (Prix Marcellin-Guérin).

I. — **L'Éducation des classes moyennes et dirigeantes en Angleterre,** par M. MAX LECLERC, avec un avant-propos par M. ÉMILE BOUTMY. Un volume in-18 jésus, broché. 4 »

II. — **Les Professions et la Société en Angleterre,** par M. MAX LECLERC. Un volume in-18 jésus, broché.. 4 »

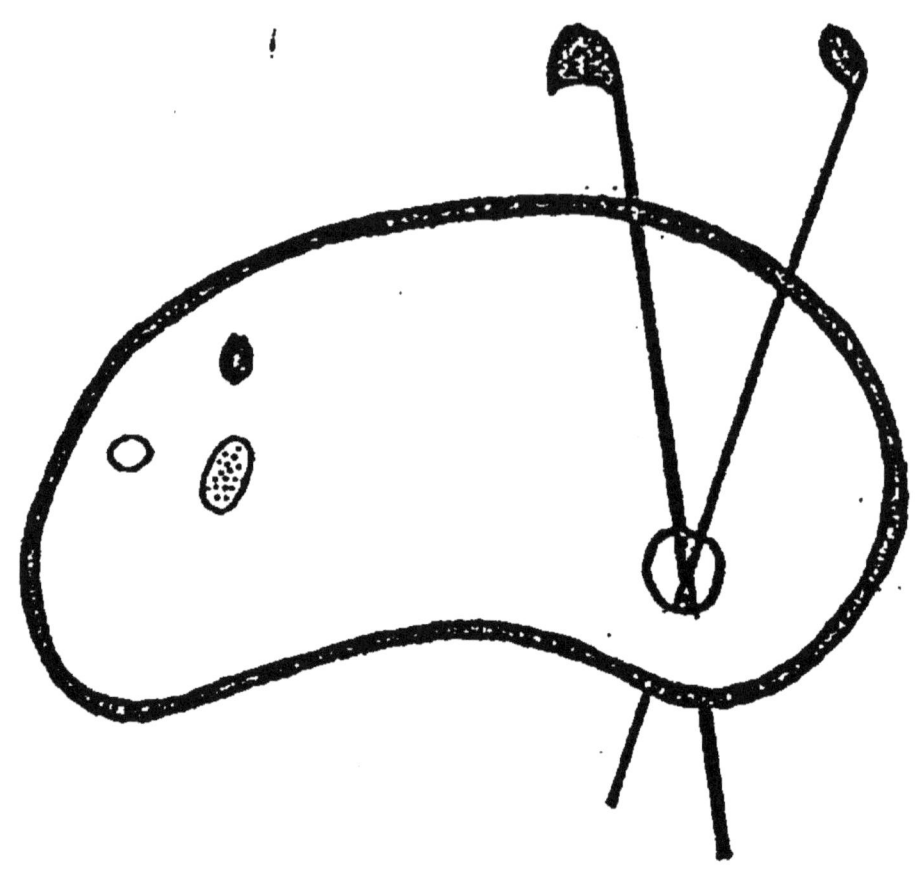

FIN D'UNE SERIE DE DOCUMENTS
EN COULEUR

Les

Études classiques
et
la Démocratie

DU MÊME AUTEUR :

La Philosophie de Platon, 1 volume in-16 (Hachette). . 3 fr. 50
La Philosophie de Socrate, 2 volumes in-8 (Alcan). . 15 fr. »
La Liberté et le Déterminisme, in-8 (Alcan). . . . . 7 fr. 50
Critique des systèmes de morale contemporains, in-8 (Alcan). 7 fr. 50
L'Évolutionnisme des idées-forces, in-8 (Alcan). . . 7 fr. 50
L'Avenir de la Métaphysique fondée sur la Science, in-8 (Alcan). 5 fr. »
La Morale, l'Art et la Religion selon Guyau, in-8 (Alcan) avec un beau portrait de Guyau. . . . . 2 fr. 75
La Psychologie des idées-forces, 2 volumes in-8 (Alcan). 15 fr. »
Tempérament et Caractère, 1 volume in-8 (Alcan). . . 5 fr. »
Le Mouvement idéaliste et la Réaction contre la science positive, in-8 (Alcan). . . . . 7 fr. 50
Le Mouvement positiviste et la Conception sociologique du monde, in-8 (Alcan). . . . . 7 fr. 50
Psychologie du Peuple français, in-8 (Alcan) . . . . 7 fr. 50
L'Idée moderne du Droit, in-18 (Hachette). . . . . . 3 fr. 50
La Science sociale contemporaine, in-18 (Hachette) . 3 fr. 50
La Propriété sociale et la Démocratie, in-18 (Hachette). 3 fr. 50
L'Enseignement au point de vue national, in-18 (Hachette). . . . . 3 fr. 50
Descartes, in-18 (Hachette) . . . . 2 fr. 50
Histoire de la Philosophie, in-18 (Delagrave). . . . . 6 fr. »
Pages choisies des grands écrivains : Guyau, in-18 (A. Colin). . . . . 3 fr. 50
La France au point de vue moral et social (*sous presse*).
Esquisse psychologique des peuples européens (*en préparation*).
La Morale des idées-forces (*en préparation*).

37685. — Imprimerie LAHURE, rue de Fleurus, 9, à Paris.

ALFRED FOUILLÉE
Membre de l'Institut

Les
Études classiques
et
la Démocratie

PARIS
ARMAND COLIN ET Cie, ÉDITEURS
5, RUE DE MÉZIÈRES, 5

1898
Tous droits réservés

INTRODUCTION

Le danger de la démocratie, en mettant le pouvoir aux mains du plus grand nombre, de ceux qui vivent presque au jour le jour, est la substitution de l'intérêt personnel, immédiat et matériel, au bien général et plus ou moins lointain, surtout d'ordre spirituel. Placez directement entre ces deux intérêts la masse des hommes, à plus forte raison celle des enfants ou des jeunes gens, et vous êtes sûr que l'utilité générale sera sacrifiée à l'utilité particulière. Tout l'art de la politique consiste à éviter ce conflit, à séparer les deux intérêts, à leur assigner des sphères qui, autant qu'il est possible, ne se coupent pas. Si, par exemple, le pouvoir électoral, qui est une fonction en vue du bien universel, se trouve organisé de telle manière qu'il doive devenir un instrument d'intérêt particulier, local ou même personnel, vous préparez du même coup l'abaissement de l'esprit français[1]. De même, si vous organisez ou plutôt désorganisez l'instruction de manière à mettre en conflit immédiat, et pour les parents et pour les enfants, l'avantage personnel et la culture nationale, vous aboutirez à la corruption de l'enseignement comme vous avez abouti à la corruption du suffrage. Or, donner pour concurrent aux études classiques un enseignement décoré du nom séduisant de « moderne », plus facile et plus court, dont tous

1. C'est, pour le dire en passant, de cette façon qu'on a institué notre suffrage par arrondissement.

INTRODUCTION.

les objets peuvent être aussi bien et même mieux employés à des fins utilitaires qu'à des fins générales, c'est poser aux familles et aux enfants un dilemme dont la solution n'est pas douteuse ; c'est ressembler à un maître naïf qui dirait aux élèves : « Je m'en rapporte à votre bonne volonté pour choisir entre le difficile et le facile, entre le travail et le jeu. »

Notre pays doit se prémunir contre un double péril : l'affaiblissement de son influence intellectuelle, littéraire et artistique, et l'affaiblissement de sa puissance économique, industrielle et commerciale. Tout l'enseignement doit être orienté pour faire face à ces deux dangers et, par conséquent, il faut tout ensemble fortifier les études libérales et les études plus proprement utilitaires. Tout ce qui tend à confondre ces deux genres d'études ou à les mettre en conflit compromet à la fois les unes et les autres. C'est là l'erreur qu'on a commise depuis un certain nombre d'années dans nos programmes et dans nos méthodes d'enseignement ; de là est résulté cet état, sinon de « crise », du moins de malaise, qui frappe tant de bons esprits. Dans un livre qui remonte à plusieurs années, nous avions déjà prédit les résultats aujourd'hui visibles pour tous. Si nous le rappelons, c'est pour donner quelque poids à nos nouveaux avertissements [1].

Au sein de notre démocratie encore mal équilibrée, l'instruction secondaire périclite : son avenir inspire de légitimes inquiétudes à ceux que préoccupent les destinées intellectuelles du plus intellectualiste des peuples. Personne ne songe à nier la haute valeur de maîtres universitaires auxquels, dans les autres contrées, on trouverait difficilement des supérieurs, peut-être même des égaux, soit pour

---

1. Voir, dans notre livre sur l'*Enseignement au point de vue national*, le tableau anticipé et détaillé de la situation présente, p. 447 et *passim*.

la culture d'esprit et la finesse du goût, soit pour la largeur et l'élévation des idées. Nos professeurs de philosophie, en particulier, ceux de rhétorique et d'histoire peuvent défier toute comparaison. Pourquoi donc un malaise se fait-il sentir, dont « l'instabilité des programmes » n'est qu'un indice superficiel? L'enseignement libre atteint déjà un effectif de 48 pour 100 contre l'effectif de 52 pour 100 qui appartient aux lycées; écart minime. Mais l'afflux ou le reflux de la clientèle n'est qu'un aspect inférieur du grand problème soulevé par l'éducation de la jeunesse. Apprécier impartialement la situation présente du point de vue des intérêts généraux et permanents, comme d'un centre élevé de perspective, voilà le seul moyen de mettre fin à cette maladie de l'éducation libérale qui, en se prolongeant, amènerait une véritable démoralisation, d'abord de la jeunesse, puis du pays tout entier. L'Université, qui enseigne au nom de la nation, a pour tâche de faire prévaloir sur les intérêts d'individus ou de groupes l'intérêt universel, les hautes traditions et les grandes idées inspiratrices de la patrie. Avec ses trois ordres d'enseignement en corrélation l'un avec l'autre et fortement centralisés, elle n'est rien moins, pourrait-on dire, qu'un des hémisphères cérébraux de la France : toute lésion de ce côté serait un péril national.

Qu'est-ce donc d'abord que les études libérales? Quel est leur rôle dans la nation et pour quelles carrières sont-elles particulièrement indispensables? Comment, à côté de ces études, peut-on en organiser d'autres plus proprement utilitaires et pratiques? Quelles sanctions et quels « débouchés » doivent avoir ces divers ordres d'études? Comment l'Université de France, par son ministre et surtout par son Conseil supérieur, peut-elle assurer le développement régulier de l'enseignement et son appropriation aux idées démocratiques? Tels sont les problèmes de haut intérêt que nous nous proposons d'examiner avec toute la sincérité et tout le désintéressement d'un philosophe.

LES
ÉTUDES CLASSIQUES
ET LA DÉMOCRATIE

CHAPITRE PREMIER

Nature, but et bases rationnelles de l'enseignement libéral

I

Les études libérales sont celles qui ont pour but de former une élite éclairée, songeant à l'avenir, préposée à la sauvegarde des grands intérêts intellectuels ou moraux et, en un mot, de l'esprit national. Le principal danger des démocraties, c'est l'excès de la tendance utilitaire, qui agit en vue des besoins les plus rapprochés et des résultats les plus visibles. La majeure partie d'un peuple est composée d'hommes préoccupés de l'intérêt présent et personnel, puisqu'ils n'ont ni assez de ressources matérielles, ni assez de culture intellectuelle pour agir en vue d'intérêts lointains et généraux. Un certain utilitarisme est d'ailleurs pour ceux-là une nécessité, presque un devoir. Il y a au contraire un ensemble d'hommes, non pas plus méritants, mais plus fortunés, que leur situation sociale et leur culture intellectuelle rendent capables, même indépendamment de toute moralité supérieure, d'oublier l'intérêt immédiat en vue d'un but plus lointain ou, ce qui est mieux encore, d'un but *national* et même *humain*. Ce sont ceux qui ne sont obligés ni de vivre au jour le jour, ni de penser et agir au jour le jour. Que ceux-là, en échange de leurs avantages et de leur situation privilégiée, aient pour obligation stricte de prendre en main l'intérêt du peuple entier, cela est de toute évidence. Si la direction de notre corps s'impose aux cellules cérébrales du cerveau, non à celles de l'estomac, c'est que les premières peuvent agir pour des utilités lointaines et même impersonnelles, tandis que la cellule de l'estomac ne connait qu'un devoir : absorber sur le moment le liquide nourricier dont elle a besoin. Au cerveau de la nation appartient l'honneur et incombe la tâche, surtout dans les périodes critiques, de représenter et de faire prévaloir les plus hautes pensées directrices et les plus hautes volontés de la patrie. L'aristocratie du mérite, ouverte à tous, sorte de « conseil émanant du sein même de la nation », est plus nécessaire encore dans une société qui ne doit plus reconnaître l'aristocratie de la naissance ou de la fortune. Quand une démocratie n'a pas de partie dirigeante, il est fatal, n'étant plus dirigée, qu'elle soit « menée »; elle tombe alors au pouvoir des politiciens, des hommes de plume et des hommes d'affaires. Résultat aussi néfaste qu'inévitable. En vain soutiendra-t-on que, dans notre pays, la masse est plus intelligente et surtout plus consciente qu'ailleurs; elle n'en représente pas moins une force d'inertie ou, aux heures extraordinaires, une force de perturbation. Là où le peuple a la puissance, le devoir de ceux qui ont quelque aisance et quelque loisir est de contre-balancer l'influence utilitaire par l'esprit de désintéressement intellectuel et moral.

Tel est précisément le but de l'éducation donnée aux couches supérieures et même moyennes du pays. L'objet de l'enseignement secondaire, fourni par l'Université, c'est, comme on l'a dit excellemment, l'unité du savoir humain appliqué à entretenir dans la jeunesse l'unité de l'esprit national. Toute culture surtout pratique, qui conserve pour objet principal de fournir, par les procédés les plus expéditifs, des connaissances immédiatement applicables et même des moyens de vivre, est primaire, de quelque nom qu'on la décore. L'instruction dégagée des soucis de la vie matérielle, l'instruction qu'on ne peut improviser, ni acquérir par des efforts de pure mémoire, qui, au contraire, doit être comme une lente imprégnation de l'âme, voilà la seule instruction secondaire digne de ce nom. « Je place mon ambition plus haut que moi, disait Lamartine, dans le succès des idées justes de mon temps », et c'est ce que doit dire avec lui quiconque a reçu une culture vraiment élevée.

Si nous rappelons ces grands principes, c'est qu'ils sont de nos jours étrangement méconnus. On tend à oublier qu'une éducation libérale est essentielle pour les carrières que l'on appelle du nom même de libérales. Un médecin, par exemple, un avocat ne sont pas de simples individus exerçant une industrie d'ordre intellectuel ; l'avocat a une mission sociale, à plus forte raison le magistrat. Le médecin, s'il n'a pas charge d'âmes (au moins directement), a charge de corps ; il est préposé pour une part à la santé publique, de laquelle aussi on peut dire : *mens sana in corpore sano*. En outre, la mission de confiance dont il est investi exige des conditions supérieures et de culture intellectuelle et de moralité. Il en est de même pour toutes les professions libérales, qui sont toutes des missions sociales. C'est donc le devoir d'un gouvernement éclairé, surtout dans une république, de maintenir le plus haut possible le niveau de ces professions, de les disputer à l'esprit industriel ou mercantile, comme à l'esprit étroitement individualiste. Déjà nous voyons bien des signes d'abaissement dans ces carrières, qui devraient être à l'abri de toute spéculation honteuse. Les condamnations pour « détournements et tripotages financiers » s'y sont multipliées si rapidement, que telle profession libérale[1] occupe aujourd'hui un des premiers rangs sous le rapport de la criminalité.

II

Étant donnés la nature et le but de l'éducation libérale, quelle doit en être la base? Auguste Comte reprochait déjà aux savants, par l'inévitable division du travail intellectuel, une tendance invincible à spécialiser les intelligences et à se spécialiser eux-mêmes. Un enseignement à *base* scientifique sera toujours détourné vers des fins utilitaires, parce que les mêmes sciences qui,

---

1. Celle des notaires et officiers ministériels.

cultivées pour elles seules, pourraient servir à l'éducation de l'esprit, peuvent encore bien mieux servir à telle profession ; et jamais vous n'empêcherez ici les fins pratiques de l'emporter aux yeux des parents, des enfants, des administrations elles-mêmes, sur les fins spéculatives. Un autre défaut de l'instruction scientifique, en sa forme actuelle, c'est de favoriser l'emmagasinage mécanique et, par cela même, le surmenage. Le grand moyen de sélection, à l'entrée des carrières scientifiques, finit par être la quantité des connaissances au lieu d'être la qualité de l'esprit. Le résultat est une sorte de déformation intellectuelle, analogue à la déformation physiologique qui se produit quand on substitue la gymnastique artificielle avec agrès à la gymnastique naturelle du libre exercice.

Pourquoi le sentiment esthétique est-il un bien plus sûr auxiliaire du progrès intellectuel et moral? Parce qu'il est, lui, nécessairement désintéressé, parce qu'on ne peut le tourner en utilitarisme et que, d'ailleurs, son objet, qui est le beau, a d'étroits rapports avec le bien même. Il importe donc avant tout, dans l'enseignement secondaire, de maintenir et d'accroître la culture esthétique, poétique, littéraire, historique, philosophique, seule moralisatrice par essence et par destination. De là il ressort que, pour les parties dirigeantes de notre démocratie française (nous ne disons pas les *classes* dirigeantes), les « humanités » sont d'une nécessité absolue. Elles ne sont pas assurément une condition de la moralité *individuelle*; mais, ce qui est différent, elles sont une condition de la moralité *nationale* comme de la grandeur nationale.

Ce qui doit faire la base des humanités, outre la langue française, ce sont des études littéraires telles que, en premier lieu, il soit impossible de les abaisser à des fins personnelles ou utilitaires, et que, en second lieu, elles soient particulièrement adaptées aux grandes fins nationales. Or, il y a dans la sagesse antique un trésor de sentiments esthétiques et moraux, ainsi que de vérités humaines et sociales, qui n'est pas immédiatement et matériellement utilisable, pas plus qu'une source vive, haut placée dans la montagne, ne peut être utilisée au point même où émergent ses eaux. Cette absence d'utilité matérielle, qui recouvre une profonde utilité morale et en est même la condition préalable, fait la valeur des études classiques au point de vue de l'éducation. Tandis que les autres modes d'études se prêtent aux procédés de préparation hâtive et improvisée, les études latines, sans être difficiles pour un Français, exigent du temps et une lente initiation, par cela même un véritable progrès de l'esprit. Elles exigent aussi, de la part des maîtres, pour avoir leur plein effet, une éducation supérieure, telle qu'elle existe depuis longtemps, si fortement organisée, dans l'Université de France. Cet incomparable instrument de culture a le privilège de ne pouvoir directement servir, et pour les maîtres et pour les élèves, qu'à la culture même; et c'est pour cela que les esprits légers l'accusent de ne servir à rien. Outre que, dans la langue latine, la structure de chaque phrase est « une leçon de logique », ajoutons d'esthétique, les vérités morales contenues dans la littérature et la philosophie anciennes sont particulièrement appropriées à un peuple où tout l'enseignement de l'État est devenu séculier.

On reproche au latin d'être une langue morte et aux études classiques d'être un legs de la monarchie, également morte. Mais, d'abord, le latin est-il une langue aussi morte qu'on veut bien le dire? Il revit non seulement dans le français, mais dans l'italien et l'espagnol. Le jeune homme de France qui a appris le latin a du même coup appris sa langue par le moyen le plus sûr et le plus radical en quelque sorte. Il n'a plus qu'un effort d'un mois ou deux à faire pour posséder l'italien et l'espagnol, deux langues vivantes dont la seconde, répandue dans l'Amérique du sud et dans les colonies espagnoles, est d'une grande importance commerciale. Quant à l'étranger qui a appris le latin, il a l'ambition toute naturelle d'apprendre le français, dont les destinées sont ainsi liées à celles du latin même. Comment donc traiter dédaignement le latin comme s'il s'agissait de l'hébreu ou du sanskrit! Le latin est moins mort que le grec même, bien que le grec se parle encore.

« Rien, dit Joseph de Maistre, n'égale la dignité de la langue latine.... C'est la langue de la civilisation. Mêlée à celle de nos pères les barbares, elle sut raffiner, assouplir et pour ainsi dire *spiritualiser* ces idiomes grossiers qui sont devenus ce que nous voyons.... Qu'on porte les yeux sur une mappemonde, qu'on trace la ligne où cette langue universelle se tut ; là sont les bornes de la civilisation et de la fraternité européennes.... Le signe européen, c'est la langue latine[1]. » Aussi est-il difficile d'admettre que celui qui a reçu une éducation libérale, dans une nation qui a derrière elle une longue histoire chrétienne et latine, demeure au-dessous d'un simple curé de campagne et n'ait aucune connaissance d'une langue qui a joué et joue encore un rôle aussi universel.

Les pays protestants, qu'ils soient monarchiques ou républicains, tiennent au latin autant et plus peut-être que les pays catholiques, parce qu'ils pensent que l'homme qui doit remplir quelque fonction libérale, ou qui, à défaut de

1. Joseph de Maistre. *Du Pape.*

fonctions, aura dans l'État, par le seul fait de son éducation et de sa situation, une *mission libérale*, ne doit pas être au-dessous du pasteur, ne doit pas demeurer étranger à la langue historique de la civilisation antique et chrétienne, incapable de comprendre une expression empruntée soit à l'idiome de la théologie, soit à celui du droit, soit seulement aux œuvres classiques de Virgile ou de Tacite.

On accuse encore les études classiques de représenter dans nos démocraties, par un « vivant anachronisme », un type ancien et monarchique. Mais la Grèce et Rome n'étaient-elles pas des démocraties? Le christianisme, comme religion, n'est-il pas plutôt démocratique? La littérature romaine et le droit romain ont-ils rien qui suppose la monarchie? Le latin a eu simplement et a encore, nous l'avons vu, un rôle historique et civilisateur, auquel se lient indissolublement nos origines nationales, notre littérature nationale, notre droit national, notre religion nationale. A-t-on changé tout cela en proclamant la république? Et ne voyons-nous pas la démocratie américaine occupée à se rattacher elle-même, autant que possible, à la grande tradition européenne, dont elle regrette, au fond, d'être trop séparée?

Il faut conserver, surtout dans l'Université de France, cette tradition morale et littéraire qui, par un heureux privilège, constitue en même temps pour nous, à cause de nos origines et de notre histoire, la vraie tradition nationale. Renoncer aux lettres latines (nous ne parlons pas du grec, beaucoup moins nécessaire), ce ne serait pas seulement renoncer à ce qui entretient le plus pur de l'esprit français ; ce serait mettre notre pays en dehors du concert international. Ce serait surtout encourager les autres nations, par notre exemple, à se dégager de l'influence latine et, du même coup, de l'influence française. C'est, nous l'avons dit, l'étude du latin qui, pour les autres nations, est l'introductrice à l'étude du français. Si Anglais et Allemands cultivés connaissent tous le français, c'est qu'ils ont tous commencé par apprendre le latin. « Les mots français dérivés du latin, dit Gœthe, m'aidèrent d'abord à deviner les autres, et bientôt je compris tout ce qui se disait autour de moi.... J'aimais la langue française et je me l'étais appropriée comme une seconde langue maternelle. » Aujourd'hui, notre langue recule dans le monde; n'achevons pas de l'y faire disparaître en donnant les premiers l'exemple de l'abandon de la langue mère, au profit de ses modernes rivales. Tout ce qu'on entreprend contre le latin, on l'entreprend contre le français.

Nous ne voulons pas répéter ici la longue série d'arguments que nous avons exposés ailleurs en faveur des études classiques[1]. Ces arguments, nous les avons vus souvent reproduits et commentés, nous attendons encore qu'on y oppose une réponse. — On oublie le latin, dit-on. — N'oublie-t-on pas aussi l'histoire, la géographie, les sciences? Il ne s'agit pas d'une chose à retenir, mais d'une culture à recevoir, d'une force et d'une délicatesse à acquérir. — L'étude des langues et littératures modernes pourrait, dit-on encore, remplir le même office moral et social.

---

1. Voir notre livre sur l'*Enseignement au point de vue national*, 2ᵉ édition (Hachette).

— Parler ainsi, c'est confondre le point de vue théorique et le point de vue pratique. Théoriquement, l'étude consciencieuse des littératures modernes peut, après une préparation suffisante, être faite par quelques-uns dans un esprit désintéressé; mais, pour la généralité des élèves de l'enseignement secondaire, elle ne saurait l'être. D'abord, elle n'est pas un instrument de culture sans danger, ni sous le rapport intellectuel, ni sous le rapport moral. « L'art antique, a dit G. Schlegel, est l'expression des formes fixes de la nature organisée, l'art romantique exprime le mouvement perpétuel de la nature en formation. » Si cela est vrai, laquelle des deux formes d'art et de littérature convient à notre jeunesse? Ne faut-il pas qu'elle commence par être en possession de ce qui est acquis et fixé, de ce qui est organisé à jamais, ἐς ἀεί, avant de se laisser emporter au flot des idées modernes? Du sable et du limon que roulent les grands fleuves de la littérature anglaise et allemande, des enfants sauront-ils extraire les paillettes d'or? Le goût de la nouveauté se répand assez vite, à notre époque troublée et agitée, pour qu'il soit inutile et même nuisible d'en accélérer le progrès par une éducation bariolée d'anglais, d'allemand, d'espagnol et d'italien.

Au reste, l'enfant et le jeune homme ont besoin d'étudier des langues où les règles soient parfaitement définies, où les formes soient distinctes pour les idées distinctes et pour leurs divers rapports, où toute négligence, toute confusion de l'esprit, toute faute de pensée soit immédiatement trahie par une faute de langage; à ces traits, vous reconnaissez la langue latine. Sa nature et ses procédés synthétiques sont nécessaires pour compléter le génie analytique du français; la difficulté de démêler les idées à travers les mots, de transposer dans notre langue les vérités et les beautés d'une œuvre antique, est un exercice littéraire de premier ordre, qui fortifie et affine tout ensemble les esprits et dont ne sauraient approcher les traductions d'un texte anglais ou même allemand[1].

1. Considérons même le grec moderne *littéraire*, c'est-à-dire la langue des savants et des lettrés de la Grèce contemporaine;

Le meilleur moyen d'apprendre à bien écrire en français, pour des écoliers, c'est de traduire du latin. Les prosateurs d'outre-Manche, surtout d'outre-Rhin, offrent trop souvent aux écoliers français les plus parfaits modèles... à ne pas suivre. Leurs qualités, que nous sommes bien loin de nier, sont impossibles à faire passer dans notre langue sans un art consommé dont les enfants sont incapables ; en revanche, les défauts y passent tout seuls : vague et obscurité, enchevêtrement, manque d'équilibre et d'harmonie, lourdeur, étrangeté, bizarrerie, mauvais goût, incohérence de la composition et licence de l'expression. Quant aux grands poètes, ils sont pour des écoliers absolument intraduisibles. L'étude prétendue littéraire de ces langues aboutit parfois,

---

cette langue « vivante » prétend reproduire, à de légères différences près, le langage que parlait Athènes du temps de Périclès ; même lexicographie, même syntaxe, même vocabulaire ; pourtant les productions de la presse grecque n'offrent à la lecture, pour un Français, que des difficultés de mots, tandis que les modernes compatriotes de Sophocle et de Platon ne se trouvent guère plus avancés que nous devant une page de Platon ou de Sophocle. « La Grèce moderne, a dit un helléniste, est, de tous les pays, celui où l'on trouve le moins d'hellénistes. »

chez les enfants, à pervertir le style de la langue maternelle. Cette perversion est visible dans celles des œuvres de la littérature contemporaine qui prétendent s'inspirer des Germains ou des Scandinaves, et qui nous donnent le spectacle d'une langue en train de se dissoudre.

« Ce que les Latins ont de meilleur, objecte-t-on, a passé chez les Classiques français ! » Mais, si les auteurs français ont retiré tant d'avantages des études latines, c'est donc qu'elles sont profitables. Revenir au latin, c'est revenir aux sources mêmes de notre littérature, à ce qui peut l'alimenter encore et lui conserver ses caractères propres, ses qualités nationales[1].

Ajoutez que la langue littéraire de l'Allemagne

---

1. Un éminent académicien, M. Jules Lemaître, a eu beau plus tard devenir un partisan des études modernes, il est impossible de ne pas se rappeler les observations si justes et si fines qu'il avait faites naguère sur ses dettes envers le latin. Dans le *Journal des Débats* du 14 mai 1894, il reconnaissait que « de savoir le latin, cela sert puissamment, je ne dis pas à écrire avec originalité ou avec éclat, mais à *ne pas mal* écrire en français. C'est mon latin, ajoutait-il, qui m'assure une bonne syntaxe, qui me permet d'éviter les impropriétés, de garder aux mots leur vrai sens, de les fortifier quelquefois en les rapprochant de leur signification étymologique. C'est encore

ou même de l'Angleterre, enseignée dans nos classes, n'est point la langue usuelle et « utile »,

à mon latin que je dois de comprendre les écrivains des trois derniers siècles, de communiquer pleinement avec eux; c'est à lui que je dois de ne pas prendre sérieusement pour un grand écrivain tel romancier à cent éditions, et, inversement, de ne pas croire aux solécismes que le digne Monselet découvrait dans Racine. Voilà, certes, des avantages.

« D'un autre côté, je vois que nos meilleurs écrivains avaient de fortes études latines. La démonstration n'est presque pas à faire pour ceux du xvi°, du xvii° et du xviii° siècle. Vous m'objecterez les femmes, Mme de La Fayette et Mme de Sévigné (encore cette dernière avait-elle appris, de Ménage, un peu de latin); mais ces deux dames étaient nourries d'écrivains qui étaient eux-mêmes tout imprégnés de latinité. De même Jean-Jacques et, naguère, Louis Veuillot.

« De notre temps, Michelet, Mérimée, Sainte-Beuve, Taine, Renan, furent très munis de latin; Hugo, Lamartine, Musset, Gautier, le furent passablement; Flaubert, je ne sais; nos romanciers de l'école naturaliste ou impressionniste, presque pas. Est-ce que vous croyez que cela ne se sent point? Ou est-ce qu'il serait trop pédant de distinguer, parmi nos grands artistes, ceux dont la langue est quelquefois douteuse, et de noter que les premiers sont, à des degrés divers, des latinisants? Je sais les exceptions à cette règle : George Sand, Maupassant (qui d'ailleurs bronche, comme Flaubert, dans l'expression des idées abstraites); je dis seulement que ces exceptions sont rares. »

En ce qui concerne George Sand, outre qu'elle avait effectivement appris un peu de latin (M. Jules Lemaître l'oublie), il faut remarquer que son style est loin d'être toujours un modèle et que, de plus, la « pureté » relative de ce style n'est pas toujours son œuvre. Je me rappelle un jour où, à la *Revue des Deux Mondes*, je trouvai François Buloz et plusieurs de ses collaborateurs en grand travail. « Nous sommes en train, me dit Fransi bien que l'étude littéraire nuit ici à l'étude pratique, et réciproquement. Enfin, au point de

çois Buloz, qui était très fort en grammaire, de corriger les fautes de langue dont George Sand émaille les pages qu'elle nous envoie à mesure de leur production : il faut refaire bien des phrases! » George Sand commençait un roman sans savoir comment elle le finirait, puis elle adressait à la *Revue* ce qu'elle venait d'écrire et ce qu'elle ne relisait jamais. Elle avait le génie naturel et un merveilleux don du style, mais, abandonnée à elle-même, il est douteux qu'elle n'eût pas « bronché ».

Quant à Veuillot, M. Lemaître croit qu'il n'a suivi que les cours de la « mutuelle » ; mais on a montré, avec pièces à l'appui, que Veuillot avait fait du latin avec un élève de l'École normale supérieure. Au reste, qu'importent ces détails? Raisonne-t-on sur les exceptions ou sur les femmes de génie?

« Je constate, continue M. Lemaître, que les déformations de la langue, dans les jeunes Revues littéraires, ont suivi de près les réformes des programmes de l'enseignement secondaire et l'affaiblissement des études latines. » Puis, après avoir soutenu que, pour bien apprendre le latin, il faut faire des vers latins et des dissertations latines, car « ces exercices sont ce qu'il y a de mieux pour contrôler ce que nous en savons et nous contraindre à y ajouter », M. Lemaître conclut :

« Il n'est pas vrai que ces exercices soient si difficiles, ni que le temps qu'on y passe soit hors de proportion avec le bénéfice qu'on en tire. Celui qui, s'y étant efforcé, n'arrive pas, vers vingt ans, à écrire honnêtement en latin, je doute qu'il soit capable de briller jamais très fort dans d'autres travaux intellectuels. — Sans compter que ces exercices sont si amusants!...

« En résumé, si je sais le français ou à peu près, c'est en grande partie parce que je sais le latin; si je sais le latin, c'est parce que j'ai fait des vers latins et des dissertations latines; et si je n'ai jamais pu apprendre sérieusement l'anglais ni l'alle-

vue moral, que sont les héros de Shakespeare, de Byron et de Gœthe? Des personnalités exceptionnelles, d'un individualisme effréné, ne connaissant ni lois, ni règles; ce sont les ancêtres du super-homme de Nietszche. Mais ce dont notre société aspire aujourd'hui à sortir, n'est-ce pas précisément de l'individualisme mal entendu qui fut la marque dominante du siècle? n'est-ce pas de l'anarchisme intellectuel, sentimental, moral, économique? Nous avons besoin de revenir à l'antique sentiment de la solidarité civique, agrandi et épuré par le sentiment de la fraternité universelle. Les littératures magnifiquement

mand, — ni beaucoup d'autres choses — ce n'est point que le latin m'ait pris tout mon temps, c'est que j'étais très paresseux. Tel est mon cas. On ne peut, en ces matières, garantir que le sien. »

Nous n'ignorons pas que M. Lemaître, après avoir fait ainsi honneur au latin de sa profonde connaissance du français, a fini par se demander plus tard s'il était bien sûr qu'il dût au latin quelque chose. Mais ce fin lettré a exprimé ses doutes dans des phrases à construction toute latine, remplies de latinismes, où l'on sent les finesses du normalien rompu aux compositions latines et aux vers latins. Dans ses premiers écrits, l'éducation classique était encore plus visible sous la grâce et l'esprit demi-grecs de l'écrivain. Aujourd'hui, le spirituel académicien ne se console pas de savoir mal l'allemand; mais qui peut tout savoir?

désordonnées de l'Angleterre et de l'Allemagne ne sont pas ce qui convient à de jeunes Français. Celui même qui nous fit don de l'enseignement spécial, Victor Duruy, et qui plus tard, voyant la grande invasion des barbares dans l'Université, ne cessait de déplorer la métamorphose de son œuvre, disait à propos des littératures anglo-germaniques : « Il faut réserver à l'enseignement de nos Facultés leur influence »; elle n'y aura que des avantages et point d'inconvénients, si elle agit « sur des esprits déjà préparés *par une culture sévère et dans le sens de nos traditions* ».

Selon un de nos meilleurs professeurs de littérature allemande, M. Pinloche, de la Faculté de Lille, l'expérience même nous a appris depuis ce que Duruy ne pouvait prévoir; c'est que, même pour l'étudiant de nos Facultés, le contact de l'étranger n'est pas exempt d'inconvénients.... « Les candidats qui vont en Allemagne avant de s'être suffisamment munis de ce viatique indispensable des études classiques, nous reviennent généralement affaiblis au point de vue de la culture générale, sans avoir sérieusement gagné au point de vue de leurs études spéciales[1]. »

Qu'est-ce donc quand il s'agit des élèves de l'enseignement moderne, étrangers à toute latinité? Un haut fonctionnaire de l'Université, grand partisan lui-même de l'enseignement moderne, me disait un jour au retour d'une inspection : « Dans les classes modernes, tout va assez bien quand il s'agit d'histoire, y compris l'histoire littéraire, de géographie, de sciences, de langues étrangères; mais quand on arrive au français, c'est, pour les professeurs comme pour les élèves, « un effondrement »; les enfants, et parfois les maîtres eux-mêmes, ne comprennent pas ce qu'ils lisent dans nos classiques, souvent dans nos contemporains; ils ne saisissent ni le vrai sens des mots, ni la beauté des expressions, ni les finesses du style; ils écrivent eux-mêmes d'instinct, au hasard et, nécessairement, d'une manière incorrecte. « Il est donc absolument essentiel, concluait mon interlocuteur, que les

---

1. Voir l'étude de M. Pinloche dans l'*Enseignement secondaire*, 1er mars 1896.

professeurs des classes modernes aient eux-mêmes reçu une forte culture latine. » — Et comment, demandai-je, ce qui est si utile aux maîtres, serait-il inutile aux élèves? Au lieu de vouloir prématurément les faire écrire tant bien que mal en français, n'est-il pas bon de leur faire faire d'abord des versions latines qui leur apprennent et à repenser la pensée des bons écrivains et à la transporter de la langue mère dans la langue dérivée? Le latin est-il si ardu qu'un pareil exercice, qui est en même temps un travail de pensée et de style, même d'orthographe, soit du temps dérobé à des choses plus importantes?

En faveur de l'enseignement moderne on a eu recours au trompe-l'œil des statistiques; on a prétendu que la comparaison des copies donnait, sur plusieurs points, un léger avantage à cet enseignement. Ce qu'on a eu soin de ne pas dire, c'est que la comparaison avait été instituée entre la *moyenne* de l'enseignement classique et quelques élèves d'*élite* de l'enseignement moderne, si bien que la véritable interprétation des chiffres aboutit, tout au contraire, à une forte supériorité des études classiques. Est-ce là éclairer les parlements et le public? Un professeur de mathématiques a d'ailleurs montré par quel jeu facile de chiffres, étant donnée une série de moyennes particulières en faveur de l'enseignement classique, on pourrait cependant obtenir une moyenne générale supérieure pour l'enseignement moderne. Ce sont tours de passe-passe dont profitent les hommes de parti.

Puisque l'on invoque les statistiques, nous pouvons, nous, en tirer ici une conclusion légitime. Dans l'enseignement moderne, on consacre trois fois plus de temps aux langues vivantes que dans l'enseignement classique et, de plus, nous l'avons dit, c'est l'élite de l'enseignement moderne qui a concouru avec la grosse moyenne des classiques; par conséquent, dans le concours pour les langues vivantes, les modernes vont l'emporter? — Erreur. Le premier prix est aux classiques, avec une supériorité de 0,22 sur leurs rivaux. D'où il ressort qu'il est bien inutile de bouleverser l'enseignement pour avoir une connaissance des langues vivantes égale à celle des premiers d'entre « les modernes ». On comprend, d'ailleurs, que des esprits déjà assouplis et fortifiés par la version latine réussissent mieux la version allemande ou anglaise. Quant aux sciences, qui ont la grosse part dans le nouvel enseignement, l'élite des modernes n'est que légèrement en avant sur la moyenne des classiques : pour les mathématiques 0,71, un peu moins d'un onzième, et 0,65 pour l'histoire naturelle. Ce qui prouve encore que la souplesse et la force acquises par l'étude du latin se retrouvent dans les sciences.

Mais à quoi bon se perdre en des considérations théoriques? A quoi bon aussi ces calculs de succès individuels et ces statistiques d'examens? La vraie question, encore une fois, n'est pas de savoir si, pour un petit nombre d'élèves, l'étude prolongée et approfondie des langues et littératures modernes peut acquérir un caractère désintéressé; il faut voir si, pour l'ensemble, l'étude des langues vivantes pourra conserver ce caractère, quelque peu artificiel, devant les croissantes exigences de notre démocratie. Or, ces langues ont une utilité pratique qui finira toujours par dominer le reste, d'abord aux yeux des familles, puis aux yeux des parlements; d'autant plus que c'est, en somme, cette utilité qui a inspiré et inspire encore les promoteurs de l'enseignement moderne. L'Université, elle-même nourrie aux lettres latines, gardera encore quelque temps l'esprit de la haute culture, mais cet esprit se perdra; le conservât-elle toujours, elle n'arrivera pas à faire comprendre à une démocratie affairée que l'étude des langues vivantes a en vue la culture générale, non l'utilité spéciale; qu'il faut initier lentement nos collégiens aux « états d'âmes » des Shakespeare ou des Gœthe, et non pas les mettre le plus tôt possible en état de parler anglais ou allemand. De qui est-il fils, après tout, cet enseignement moderne qu'on prétend désintéressé? De l'enseignement spécial. Et pourquoi les sciences y ont-elles la part du lion? Est-ce pour leur vérité et leur beauté, ou est-ce pour leur utilité? Et pourquoi encore y veut-on substituer l'allemand ou l'anglais au latin? Est-ce vraiment pour nourrir les jeunes Français de sentiments anglo-germaniques? On a répondu avec raison que ce serait là un but presque coupable; mais non, encore une fois, on veut simplement leur faire lire et parler l'anglais ou l'allemand, en vue d'intérêts commerciaux et scientifiques. Et c'est précisément ce que l'enseignement moderne ne fait pas.

Quand il s'agit de définir l'enseignement moderne et de dire à quoi il est destiné, on se retranche dans une phraséologie vague. Dès que l'on précise, c'est au nom des raisons utilitaires qu'on nous vante cette culture prétendue « désintéressée ». Passez en revue les arguments que nous proposent ses hauts patrons, vous les verrez tous inspirés du même esprit positif. « Est-il un seul de nos jeunes gens », dit un ancien Ministre de l'instruction publique, M. Ch. Dupuy, « qui puisse lire sans broncher une page de Galien ou d'Hippocrate? Et n'aimeriez-vous pas mieux qu'ils fussent en état de lire couramment les revues médicales de l'étranger, les œuvres d'un Virchow ou d'un Lister? *Que veut-on de plus?* » Ainsi l'élévation des esprits, leur harmonie avec notre longue tradition nationale, qui est aussi la tradition internationale des classes éclairées, tout cela ne compte pour rien devant les besoins professionnels [1]! « Si l'enseignement moderne », dit à son tour un autre de ses défenseurs, « peut former de bons avocats et de bons médecins, les objections doivent être considérées comme non avenues » [2]. Voilà encore, en son ingénuité, l'argument utilitaire. Mais l'enseignement primaire, lui aussi, pourquoi ne serait-il pas déclaré suffisant — joint à l'étude spéciale de la physiologie — pour qui doit couper une jambe ou pratiquer un « curettage », et, joint à l'étude du code, pour qui doit persuader aux jurés, les larmes aux yeux, que la violence de la passion excuse le crime? C'est de plus haut, semble-t-il, qu'il faut considérer un problème d'où dépend la direction morale du pays. Notre société est de plus en plus livrée aux

1. L'esprit utilitaire se manifeste jusque dans la prétention qu'avait un autre ministre partisan de l'enseignement moderne, M. Combes : transformer le grec ancien en langue vivante en lui infligeant une prononciation qui ne sera ni l'ancienne, ni la moderne.
2. Discours de M. Jules Legrand à la Chambre des députés.

empiriques ; si l'enseignement s'abaisse lui-même à un empirisme pratique, le mal ne fera que croître.

Grâce à son inévitable gravitation utilitaire, l'enseignement moderne n'a pu et ne pourra jamais avoir aucune unité ; la division y règne. Les uns, encore préoccupés de la culture intellectuelle, veulent que le maître principal, l'âme des études, soit le professeur de français ; mais les autres, soucieux du but pratique, qui seul, en effet, peut justifier un second type d'instruction, veulent que ce soit le professeur de langues vivantes ; en attendant, on a un kaléidoscope d'enseignements volants et tournants donnés par une série de professeurs, venus eux-mêmes en partie de l'enseignement classique. N'a-t-on pas compté jusqu'à douze maîtres pour une classe qui n'avait elle-même que dix élèves ?

C'est seulement il y a trois ans que le baccalauréat de l'enseignement moderne a pu fonctionner d'une manière normale et régulière ; on n'a pas attendu des résultats plus probants pour demander l'*équivalence* absolue des deux enseignements.

Un des principaux organisateurs du nouveau type, M. Bourgeois, — dont nous ne méconnaissons pas les bonnes intentions, tout en déplorant leurs résultats désastreux, — a formellement déclaré que, dans la pensée de ses fondateurs, l'enseignement moderne, quoique moins long et plus facile que l'autre, doit être « parallèle » et absolument *égal* à l'enseignement classique, avec les « mêmes sanctions », le même accès à *toutes* les « professions libérales »; mais alors, c'est le double emploi érigé en système. Bien plus, après avoir ainsi déclaré les deux enseignements « parallèles », on veut les faire se rencontrer partout, s'entrecouper dans les mêmes carrières. Surprenante géométrie!

Vous parlez sans cesse d'une plus grande extension des études scientifiques et de leurs applications à l'industrie moderne, à l'agriculture moderne, au commerce moderne. Eh bien, en quoi votre enseignement dit moderne répond-il mieux que l'autre à ces besoins? Il a la prétention d'être littéraire comme l'autre, d'étudier littérairement les langues; il veut comme l'autre donner accès aux carrières libérales et aux fonctions publiques ; dès lors, en quoi est-il plus « pratique » ou, comme l'on dit aujourd'hui, plus « anglo-saxon » ? S'il fait une part assez large aux sciences, c'est aux sciences théoriques, étudiées par les mêmes méthodes et avec le même esprit que dans l'enseignement classique. Quelle est donc, encore un coup, sa marque propre et sa raison d'existence, sinon d'être une concurrence à l'autre enseignement avec suppression des études latines, une ou deux années de moins et une étiquette engageante pour les esprits superficiels : *moderne* ?

Les élèves qui passent de l'enseignement classique à l'enseignement moderne ne constituent, dans ce dernier, guère plus du dixième de l'effectif total. Tandis que l'enseignement classique est surtout fréquenté par les fils de la haute et de la moyenne bourgeoisie, l'enseignement moderne reçoit surtout des enfants sortis des classes les plus humbles de la société et venus de l'école primaire. Mais que leur offre-t-il ? Si c'est votre « culture générale », comment les préparera-t-elle aux professions dont ils ont besoin? Pour satisfaire tous ces nouveaux aspirants que vous avez artificiellement créés, vous voilà entraînés à leur ouvrir les carrières libérales, déjà encombrées ; en y poussant cette sorte de foule mal préparée, vous compromettrez de plus en plus l'esprit « libéral » de ces professions. Si, au contraire, vous voulez encourager les études pratiques et même techniques, que ne le faites-vous franchement? Que ne renoncez-vous, par un empiétement illégitime sur le domaine classique, à faire de nouveaux avocats sans cause, de nouveaux médecins sans malades, de nouveaux polytechniciens, de nouveaux professeurs, de nouveaux fonctionnaires, etc.?

L'enseignement moderne, disait-on encore, souffre d'être installé dans les mêmes lycées que l'ancien. — On lui a donné un lycée *à lui*. Par malheur, au bout de trois ans, pour que ce lycée servît à quelque chose, il a fallu y introduire les études classiques. M. Boudhors mentionne un lycée où, d'une classe de troisième moderne qui comptait 48 élèves, trois ou quatre seulement ont poussé leurs études plus loin ; les autres ont obtenu leur certificat, « et puis ils sont partis, pas le moins du monde désespérés de ne pouvoir être médecins ou avocats ; ils sont partis, parce que leurs parents avaient besoin d'eux et qu'ils avaient eux-mêmes besoin de se mettre au courant des affaires ». Dans d'autres lycées, on a dû créer une troisième B, classe annexe et *terminale*, destinée aux élèves qui comptent arrêter là leur vie scolaire. Jusques à quand les partisans d' « humanités modernes » s'obstineront-ils à soutenir cet enseignement dont personne ne veut, ce « bâtard du lycée et de l'école primaire », et, pour le faire vivre en dépit de tout, à comploter la mort de l'enseignement classique ?

La même comédie revient sans cesse au Parlement : quelqu'un se lève pour réclamer les « sanctions nécessaires » à la prospérité de l'enseignement moderne, et ces sanctions, ce sont toutes celles qui servent à assurer l'existence des études classiques ; on veut dépouiller Esaü aux dépens de Jacob. L'argument qu'on fait alors retentir dans les Chambres, c'est de prétendre qu'il n'est

pas « démocratique » de réserver les professions
libérales aux élèves de l'enseignement classique ;
comme si toute carrière, dans une démocratie
encore plus qu'ailleurs, n'exigeait pas des conditions de capacité et de culture appropriées ! Les
esprits simples veulent toujours, en France, tout
égaliser et tout mettre sur le même pied. Mais ce
qui est vraiment antidémocratique, ce sont les
mesures tendant à la ruine de la démocratie,
comme est antihygiénique ce qui tend à ruiner
l'organisme. Gardez-vous, disait Edgar Quinet,
d'abaisser le niveau intellectuel et moral, croyant
par là rendre plus aisé le triomphe de la démocratie : « Son avènement ne peut être qu'un nouveau progrès de l'esprit, de la civilisation, de
l'ordre universel; ou elle sera tout cela, ou elle
ne sera jamais rien ».

C'est d'ailleurs une souveraine injustice d'accorder même valeur à deux diplômes dont l'un
ne suppose qu'un cours de six années (le plus
souvent ramenées à trois ou quatre), cours mnémonique, voisin de l'enseignement primaire
supérieur, et auquel la première usine venue de

baccalauréat peut préparer; l'autre qui suppose un cours normal de huit ou neuf années, exigeant un travail vraiment personnel et des maîtres de haute culture. La mesure réclamée serait aussi vexatoire que si, à l'entrée des carrières scientifiques, on préférait les simples bacheliers aux licenciés ou aux docteurs. Appeler de telles iniquités du nom de démocratiques, c'est faire peu d'honneur à la démocratie.

Y eût-il vraiment *égalité* entre les deux enseignements, il n'en serait pas moins désastreux de les laisser l'un en face de l'autre à l'état de rivalité. Comment les études classiques pourront-elles prospérer si leur supériorité est chaque jour mise en doute, si on prétend que d'autres études les valent bien ou valent mieux, si on leur enlève leur foi en elles-mêmes; si, au dehors du lycée, on les attaque avec violence; si, dans le lycée même, les professeurs d'un enseignement nouveau les enveloppent d'une hostilité sourde; si les élèves enfin, soumis à des exercices dont leur âge ne peut saisir la raison profonde et l'importance pour le pays tout entier, finissent par se considérer comme les victimes d'une tradition surannée, dont sont affranchis les heureux « modernes »? Les deux enseignements pourront-ils vivre longtemps côte à côte, l'un plus difficile et plus long, l'autre plus commode et plus court, pour arriver aux mêmes buts à travers des baccalauréats équipollents?

Non, ayons plus de franchise et convenons qu'il s'agit du maintien ou de la suppression, à brève échéance, des études classiques[1]. Surtout ne feignons pas de vouloir substituer l'enseignement moderne à l'enseignement latin « dans l'*intérêt même de ce dernier* ». Cette hypocrisie, pour être fréquente, n'en est pas plus honorable. Quoi! pour « relever » les études anciennes on commencerait par leur enlever, avec leurs élèves, tous leurs moyens de sélection, d'action sociale, tous les justes avantages qu'elles assurent à l'en-

[1]. Quand on proposa, en 1886, de transformer l'enseignement spécial en un enseignement moderne, M. Rabier, directeur de l'enseignement secondaire, concluait son rapport en disant : « L'extinction graduelle de l'enseignement classique actuel, voilà la fin où tend, qu'on le veuille ou non, qu'on se l'avoue ou non, la réforme ». Et c'est cette prétendue réforme que le ministre a fini par imposer quelques années plus tard.

trée des carrières libérales; on réserverait ces études à quelques spécialistes! Ceux-là seuls « apprendraient le latin qui devraient l'enseigner aux autres »! Qui veut-on tromper ici? Le parti socialiste a montré plus de franchise. On l'a vu voter ouvertement les mesures propres à ruiner les études classiques, dans le dessein avoué d'enlever à la « bourgeoisie » ce qui fait encore sa supériorité sur le peuple. C'est un des chefs du parti qui l'a dit bien haut : si on veut l'abaissement moral et intellectuel de la bourgeoisie, le premier point est de lui retirer l'avantage qu'elle doit aux études classiques. « Vous vous désarmez, disait M. Jaurès, vous vous dépouillez, vous vous découronnez vous-mêmes, et voilà pourquoi nous votons avec vous…. Ah! vous faites des pas rapides dans la décadence! » Les auteurs de ce calcul oubliaient de se demander si, en contribuant par leurs votes au déclin de la culture désintéressée, ils ne contribueraient pas du même coup à l'abaissement de la nation entière, puisque les « classes » influentes, en dépit de tout, dirigent le reste et le façonnent plus ou moins à leur ressemblance.

Pour nous, qui ne voulons pas plus l'abaissement d'une de ces prétendues classes que l'asservissement de l'autre, nous regardons tous les Français, sans nous inquiéter de leurs origines, comme les enfants de la mère-patrie et nous voulons les aider tous à assurer sa grandeur.

On invoque l'exemple de l'Angleterre ou de l'Allemagne. Mais où est-il, dans le monde entier, le pays qui ouvre *les mêmes carrières* à l'enseignement classique et à l'enseignement « réel », qui les déclare tous les deux « égaux » et de même « destination » ? Ce prodigieux manque de logique n'existe nulle part; c'est partout à des « besoins différents », de portée « inégale », qu'on s'efforce de répondre. Est-ce par l'abandon des études latines et même grecques que l'Allemagne a conquis un rang si élevé, d'abord dans les sciences, puis dans les divers arts, y compris celui de la guerre, enfin dans l'industrie et dans le commerce, où, nous laissant derrière elle, elle se fait rivale de la Grande-Bretagne? Non; elle a conservé avec un soin jaloux les prérogatives attachées aux études classiques, tout en donnant à son enseignement pratique et même professionnel un développement considérable. Ni les *écoles réelles* d'Allemagne, où l'on n'apprend pas le latin, ni les *gymnases réels*, où l'on apprend beaucoup de latin et pas de grec, et qui correspondent à notre ancienne section des sciences, ne sont déclarés équivalents aux gymnases classiques. Les études des *Realschulen* se terminent par un examen de sortie, qui ouvre les écoles des Ponts et Chaussées, des Mines, des Forêts, des Arts et Manufactures, mais qui n'ouvre pas aux élèves les universités. Les trente mille étudiants qui peuplent les universités allemandes ont tous appris le latin, même le grec, et on songe en Allemagne à fortifier, à élargir les études classiques, au moment même où, en France, on veut les amoindrir ou les rétrécir. Quant à la sagesse anglaise, — qui n'a mis récemment en cause que l'opportunité du grec, non celle du latin — au lieu de tout bouleverser du jour au lendemain, elle se livre à des comparaisons statistiques (sérieuses cette fois) et à des enquêtes patientes. Le « Maître en chef » de Clifton, par exemple, après des recherches sur les carrières parcourues, au sortir d'Oxford et de Cambridge, par les étudiants en sciences, conclut (quoique Anglo-Saxon) qu'il existe un avantage considérable du côté de ceux qui ont eu l'éducation la plus libérale[1].

En Amérique, on favorise et on développe par tous les moyens les études classiques[2]. La Russie, voulant organiser ses grandes écoles d'ingénieurs, a fait une vaste enquête dans tous les pays, y compris l'Amérique, et questionné les savants, les spécialistes, les ingénieurs eux-mêmes sur le meilleur mode de préparation ; ils ont répondu

---

1. Voir, sur le mouvement anglais, la belle préface placée par M. Greenstreet en tête de sa traduction de notre livre sur l'*Enseignement au point de vue national*. (Londres, 1892.)

2. C'est le résultat que M. Brunetière a consigné dans ses notes écrites au retour de son voyage d'outre-mer.

« Tandis que nous nous détachons insensiblement de nos traditions, les Américains — qui ne se consolent pas de n'avoir pas une histoire plusieurs fois séculaire — essaient précisément de se rattacher aux traditions que nous abandonnons.... Les tendances universitaires en Amérique vont à constituer dans cette grande république une aristocratie de l'intelligence et, ce qui est presque ironique, de cette forme d'intelligence que nous avons le tort ou plutôt la sottise, triples Bouvards et Pécuchets que nous sommes, de redouter comme la plus hostile aux progrès de la démocratie. » (*Revue des Deux Mondes*, 1er novembre 1897.)

que la préparation générale, avec les humanités pour base, était bien supérieure à toute préparation de tendance professionnelle et utilitaire.

En France, quand le ministère de l'Instruction publique demanda à la Faculté de médecine de Paris quelle était la meilleure instruction préparatoire, cette Faculté répondit à l'unanimité : les études classiques et philosophiques. C'est même ce qui nous a sauvés du baccalauréat spécial des sciences naturelles que préparait le ministre d'alors, et qui aurait achevé de vider nos classes de philosophie[1].

Dans la *Revue de Belgique* du 15 avril, un Belge, M. Eugène Tardieu, partisan des « humanités modernes », n'en constate pas moins l'échec de l'enseignement moderne « dans ses tentatives pour enlever au latin sa mission éducatrice ». D'un côté, dit-il, les élèves belges sortent de la rhétorique classique avec une préparation intel-

1. Ces classes ne sont même plus nécessaires aujourd'hui pour les futurs élèves de droit, qui peuvent présenter, *sans dispense*, le baccalauréat lettres-*mathématiques*.

lectuelle qui les rend aptes à apprendre ce qu'ils veulent; de l'autre, en sortant des cours modernes, ils se présentent au seuil des études supérieures « la tête farcie de mots ». Aussi, en Belgique, « en est-on arrivé à imposer les humanités latines aux candidats vétérinaires eux-mêmes, et l'enseignement du latin y sera la base des études à l'école des cadets, récemment créée, et qui doit être notre pépinière d'officiers ».

Ainsi, au moment où toutes les autres nations demeurent fidèles à une langue qui, cependant, n'est pas pour la plupart d'entre elles une langue mère, la France, elle, dans une situation politique diminuée, dans une situation industrielle menacée, commettrait la souveraine imprudence de se mettre en dehors des traditions universelles et de ses propres traditions nationales! Sommes-nous donc assez sûrs de l'avenir pour nous permettre de pareilles expérimentations *in animâ nobili*, sur notre patrie même?

Oublieux de nos plus hautes traditions, les esprits utilitaires ne rêvent plus qu'industrie, commerce, colonies; et certes, il faut veiller à ce que la France ne succombe pas dans la lutte industrielle[1]. Mais n'oublions pas que c'est l'état stationnaire de notre population qui réduit notre marché à 38 millions d'hommes devant 53 millions d'Allemands et 30 millions d'Italiens, sans compter les nombreux Anglo-Saxons. Cette situation ne tient nullement à notre mode d'enseignement, et elle n'est pas faite pour encourager les ambitions trop lointaines. Notre moyen principal d'influence internationale est dans le domaine de la pensée, puis dans celui de l'art, enfin dans les industries d'élégance et de goût. Si nous entretenons une forte éducation scientifique, littéraire et morale, le reste viendra à son heure ; si, au contraire, nous perdons notre prestige littéraire et artistique, si le niveau intellectuel et moral de la nation baisse, que nous restera-t-il? Notre richesse? Elle n'est pas inépuisable, et la richesse croissante des autres nations finira par lui enlever sa valeur relative, en même temps que notre dépopulation diminuera notre puissance militaire. Ce n'est donc pas le moment de renoncer à la qualité,

---

[1] Dans un autre chapitre, nous en chercherons les moyens.

puisque nous ne pouvons plus compter sur a quantité : nous devons demeurer un pays de culture intellectuelle aussi haute et aussi intensive qu'il est possible : notre salut est à ce prix.

CHAPITRE II

La « crise » de l'Université et ses vraies causes.

I

Il est facile maintenant de déterminer quelle est la première et principale cause de la « crise universitaire » : c'est le mouvement de bascule qui a fait monter l'enseignement spécial et baisser l'enseignement classique. Le mot « moderne », proposé sous le ministère de M. Bourgeois, a paru reléguer tout le reste parmi les vieilleries, alors que, dans le fond, l'enseignement nouveau était ce qu'il y a de moins neuf et de moins progressif. Malgré de nombreuses protestations, auxquelles nous avons jadis mêlé les nôtres, divers ministères, par une suite d'erreurs et de faiblesses dont l'Université n'est pas responsable, ont concédé à l'enseignement moderne une suite de sanctions jusqu'ici réservées aux études classiques; en 1885, M. Goblet a eu l'imprévoyance de lui ouvrir l'École polytechnique elle-même, l'École de Saint-Cyr, l'École forestière, qui ne dépendent pas du ministère de l'Instruction publique; plus tard, M. Doumer lui a ouvert les contributions directes ou indirectes, et l'enregistrement. Enfin on lui a ouvert le professorat des langues vivantes et même celui des sciences, qui, plus que tout le reste, aurait besoin des hautes garanties de l'éducation classique. Ici la faute est encore plus impardonnable. L'Université compte, avec la magistrature et l'armée, parmi les institutions les plus importantes pour la vie intellectuelle et morale du pays[1]. On ne saurait, pour ces organes supérieurs de la nation, se montrer trop exigeant, prendre trop de garanties contre l'invasion des médiocrités, des esprits étroits, des consciences utilitaires. D'autant plus légitime est ici la sévérité de la sélection que, par l'effet d'une compé-

---

[1]. Ajoutons que la statistique place les professeurs, aussi bien laïques qu'ecclésiastiques, en tête de la liste pour la moralité.

tition toujours croissante, le choix devient plus grand et permet mieux de s'en tenir comme à la fleur des esprits. L'Université se manque donc à elle-même et néglige le premier de ses devoirs lorsque, maîtresse de ses programmes d'admission, elle ouvre pourtant son sein à de futurs éducateurs qui n'ont pas reçu eux-mêmes la plus haute forme de l'éducation : les humanités classiques et philosophiques. Quant à l'École polytechnique, sentant son erreur, mais ne la réparant pas assez, elle vient d'attribuer une prime de trente points aux bacheliers de l'enseignement classique. Mesure excellente, mais insuffisante. Puisque cette école n'a, elle aussi, que l'embarras du choix, elle doit choisir le meilleur et fermer inflexiblement son entrée à l'enseignement moderne[1]. Que serait-ce si les écoles de droit et de médecine, comme on les y invite chaque jour, suivaient ce fâcheux exemple et, pour remédier

1. Si l'on en croit les professeurs de l'École polytechnique, les modernes ne se font remarquer ni par la méthode, ni par la clarté de l'exposition, ni par la finesse de l'esprit; une fois à l'école, ils perdent généralement des rangs et déclinent au lieu de monter.

à la surabondance des candidats, se montraient de moins en moins exigeantes sur la qualité des études préparatoires? Ce serait là un oubli des grands intérêts nationaux que nous n'hésitons pas à déclarer coupable.

Ne pouvant résister aux politiciens qui voulaient plaire à l'utilitarisme démocratique, l'Université s'est du moins efforcée, tout en leur cédant, de maintenir dans l'enseignement moderne la plus large part possible de culture générale; malheureusement, elle préparait ainsi à ses propres dépens un duel à mort entre les deux types d'études. Une fois orienté à rebours de sa destination industrielle et commerciale, l'enseignement moderne a vu croître ses appétits et ses ambitions : il a voulu d'abord être égalé à son frère aîné, puis le remplacer, et aujourd'hui, plus simplement, il veut le tuer. Qu'on lui ouvre un jour, grâce à quelque vote obtenu par surprise, les écoles de médecine et de droit, ainsi que le professorat des lettres, ce jour-là les études classiques auront vécu. Il est un principe qu'a justement rappelé à ce sujet l'orateur socialiste dont nous parlions tout à l'heure : la mauvaise monnaie chasse la bonne.

Lisez celles des revues universitaires qui ont conservé le souci de la grande culture nationale, vous y trouverez les continuelles et courageuses protestations des professeurs de lycée. Tous redoutent une décomposition finale et irrémédiable de l'enseignement secondaire, menacé par quatre voies différentes. Le premier assaut, nous venons de le voir, c'est celui des langues modernes prétendant détrôner les études latines. Le second, c'est l'attaque contre les classes de philosophie. Après leur avoir déjà enlevé, par l'étrange bifurcation qui suit la rhétorique, un grand nombre de leurs élèves, on voudrait rendre d'abord ces classes pratiquement inutiles en ouvrant presque toutes les carrières à des bacheliers sans études philosophiques; les écoles de droit, nous l'avons dit, sont déjà accessibles aux bacheliers ès lettres et mathématiques! Puis on supprimerait entièrement ces classes, en renvoyant la philosophie aux Facultés. « Ne touchons point à ce qui vit », a dit avec raison M. Lachelier. L'enseignement philosophique est en effet le plus vivant et le plus florissant de tous. Nos jeunes professeurs de philosophie, après avoir cédé, pendant quelques années, comme beaucoup d'autres, à la mode du subtil et de l'abscons, ont compris qu'ils devaient imprimer à leur enseignement une direction à la fois plus élevée et plus pratique. Au reste, la production philosophique en France est si exceptionnellement féconde et elle attire si universellement l'attention des esprits cultivés, que les classes de nos lycées et collèges ne pouvaient manquer d'en recevoir une heureuse impulsion. Point de succès sans envieux; les professeurs de philosophie en ont fait l'épreuve : on a demandé leur suppression. Le jour où serait enlevée à l'enseignement secondaire cette grande force éducatrice de la philosophie, ce serait la chute dernière dans le vide moral.

Découronné des classes de philosophie, l'enseignement secondaire serait déjà atteint mortellement, et ce n'est cependant pas la seule menace qui lui soit faite. Les « grandes rhétoriques » des lycées paraîtront bientôt, elles aussi, faire « double emploi » avec les conférences préparatoires à la licence; ne pourrait-on, ici encore, « gagner un an »? La démocratie est pressée. Et ainsi deux années d'étude, les plus élevées, les plus « éducatives », seront soustraites à la vie des lycées. Est-ce fini? Pas encore. Il y a un mouvement qui tend à introduire dans l'enseignement primaire l'étude des langues vivantes; et il y a un mouvement parallèle qui, sous prétexte d' « instruction intégrale », tend à n'admettre aucune inégalité d'instruction entre tous les enfants de France. D'où cette conséquence inévitable : la démocratie finira par découvrir que le véritable enseignement moderne, c'est l'enseignement primaire supérieur avec ses développements naturels. Les trois années de cet enseignement ne sont-elles pas déjà *utilement* remplies? Morale, histoire, géographie, instruction civique, mathématiques, physique et chimie, sciences naturelles, hygiène, comptabilité, agriculture, horticulture, droit, économie politique, dessin, travaux manuels, gymnastique, chant, enfin langue française, et bientôt langues vivantes. « Que veut-on de plus? »

La seule solution possible du problème de l'instruction intégrale, a dit ironiquement un de nos professeurs, c'est « un peu de tout pour tous »[1]. Et c'est la formule même de l'enseignement primaire. Le reste, on le laissera à l'enseignement supérieur, qui lui-même deviendra de plus en plus spécial et professionnel. Quant à l'enseignement secondaire, il aura vécu. Nous jouirons, pour nous consoler, d'une nouvelle forme d'égalité : l'égalité devant le baccalauréat ; nous aurons des diplômes « plus étroitement rattachés au peuple », plus voisins du « *referendum* ». L'esprit souffle où il veut, a dit un ancien ministre, et aussi, par malheur, le contraire de l'esprit.

Venons-en maintenant aux conséquences matérielles de cette erreur morale. La perturbation apportée dans l'enseignement classique par l'enseignement moderne a rendu plus facile et plus ardente la concurrence faite aux lycées et collèges de l'État par les autres établissements d'enseignement secondaire et même par l'enseignement pri-

[1]. M. Boudhors, dans l'*Enseignement secondaire*.

maire supérieur. La majeure partie des institutions libres et congréganistes s'est vouée à la préparation des bacheliers du style « moderne ». Un certain nombre de ces établissements a aussi conservé avec soin les études latines et, du même coup, le prestige classique. Tandis que le scepticisme gagnait la majeure partie des parents, ceux qui avaient gardé la foi à la supériorité des études latines en venaient à croire, bien à tort, qu'elles étaient négligées dans les lycées et les collèges; ils ont alors confié leurs enfants aux institutions libres, où ils se figuraient que les hautes traditions d'enseignement seraient mieux conservées. Comme, au moyen âge, la culture s'était réfugiée dans les couvents, on prétendait que les études classiques allaient avoir leur dernier refuge dans les établissements religieux[1]! Ajoutons que l'on

1. Un journal radical ayant montré dans le triomphe des « modernes » l'avènement de la grande Béotie et prédit (avec raison) que celui qui rirait le dernier et rirait fort, ce serait l'enseignement des jésuites, le P. Burnichon, de la Compagnie de Jésus, a répondu dans les *Études religieuses* du 20 avril 1897 : « De tels pronostics nous dictent notre devoir.... C'est une mission que nous avons déjà remplie dans le passé et qui nous revient de droit. L'Église a sauvé l'esprit humain contre l'inva-

avait dirigé contre l'internat des critiques exagérées, sans se demander si la vie des jeunes gens en Allemagne, répandus dans les familles, était vraiment plus morale et plus exempte de dangers que celle de nos élèves. A force d'attaquer ainsi l'internat, on a amené nombre de parents, non pas à y renoncer, mais à le chercher ailleurs que dans nos établissements universitaires, où, du reste, par les mesures prises sous le ministère de M. Bourgeois, on avait eu le tort d'affaiblir et d'énerver la discipline.

En même temps, la ressemblance entre les programmes des écoles primaires supérieures et ceux de l'enseignement moderne a permis aux écoles primaires congréganistes, — nous disons *primaires,* — tant à Paris qu'en province, de faire recevoir au bout de trois ans un grand nombre de bacheliers modernes. Elles ont ainsi profité d'un vice radical d'organisation.

Récemment, au Conseil académique, M. Gréard, vice-recteur de l'Académie de Paris, constatait

sion de la barbarie ignorante; le moment vient où elle devra le protéger contre les progrès de la barbarie scientifique ».

que l'enseignement moderne a vidé les lycées et surtout les collèges d'une grande partie de la clientèle qu'attirait l'enseignement spécial. Les familles, ne trouvant plus au lycée l'enseignement pratique et vraiment utile qui existait autrefois dans l'enseignement spécial, vont le chercher dans d'autres établissements. Les Frères de la Doctrine chrétienne (qui viennent de publier un cours de philosophie destiné à l'enseignement moderne), les Frères du Sacré-Cœur, les Petits-Frères de Marie, la Société de la Croix-de-Jésus, etc., ont profité de l'analogie qui existe entre les programmes de l'enseignement primaire supérieur et ceux du secondaire moderne; sans tomber sous le coup de la loi, qui ne prévoyait pas un baccalauréat sans latin, ils ont transformé en véritables établissements secondaires plus de deux cent cinquante de leurs écoles primaires[1].

Le R. P. Chauvin, de l'Oratoire, a publié, dans la *Quinzaine*, deux études très intéressantes sur les Humanités modernes, dont il est partisan. Il constate leur échec dans l'Université et déclare

1. *La Quinzaine*, 16 septembre 1897, p. 185.

que les vrais maîtres de cet enseignement sont, à l'heure présente, les Frères des Écoles chrétiennes. « Et il n'en pouvait être autrement, ajoute-t-il, puisqu'ils en sont les *fondateurs*. Voilà ce qu'on ignore généralement et ce qu'il est bon de rappeler avant tout. Ce n'est pas, en effet, M. Duruy qui a mis en route, selon le mot de M. Lavisse, toutes les réformes de l'enseignement public, c'est le bienheureux de la Salle. L'enseignement moderne n'étant qu'un développement de celui des Frères, ceux-ci se sont trouvés naturellement prêts pour le donner en 1880. Ils n'avaient presque rien à changer à leur pratique. Mathématiques, langues vivantes, littérature avaient depuis longtemps une large place dans leurs programmes. Ils n'eurent qu'à étendre un peu cette place pour être du même coup au niveau des exigences nouvelles et pour obtenir dans les examens du baccalauréat les plus brillants succès. A cet égard, il faut le reconnaître, ils n'ont pas encore été égalés[1].

Si nous constatons ces faits et ces témoignages, ce n'est pas pour refuser à l'enseignement libre le

---

1. Voir l'*Annuaire de l'Enseignement libre*.

droit, dont il use largement, de coopérer à l'éducation nationale; mais, il faut en convenir, l'écueil de l'enseignement libre, surtout sous ces formes indirectes et improvisées de concurrence à l'Université, c'est l'esprit utilitaire, le souci exagéré du succès aux examens, d'où dépend le succès de l'établissement, l'esprit de parti ou de classe, bref, l'oubli des grands intérêts généraux. C'est pourquoi, en respectant la liberté de l'enseignement, l'État doit maintenir, en dehors et au-dessus de tout parti, un enseignement modèle, vraiment national et humain, qui est, nous l'avons vu, l'enseignement classique donné par l'Université. Par une ironie du sort, nos ardents démocrates, qui nous rebattaient les oreilles des besoins de la démocratie moderne, ont travaillé en faveur de ceux qu'ils considéraient comme leurs ennemis : *Sic vos non vobis nidificatis, aves.*

Aujourd'hui, grâce à eux, près de la moitié des élèves de l'enseignement secondaire est élevée par les congrégations religieuses, qui de plus ont trois internes contre un externe, tandis que l'Université a un interne contre trois externes. Tel est le résultat de la politique ultra-radicale, intransigeante et intolérante, qu'on a justement appelée de la bigoterie à rebours.

De son côté, depuis qu'on a retardé l'étude du latin jusqu'en sixième, l'école primaire de l'État retient plus longtemps les élèves et soustrait ainsi aux lycées une partie de leur population. Depuis des années, absorbée par l'enseignement primaire, l'administration dans les départements a trop négligé l'instruction secondaire, laissé se détourner des collèges et des lycées la clientèle bourgeoise proprement dite; dans bien des régions, les instituteurs font la guerre à l'enseignement secondaire, la concurrence des écoles primaires supérieures tue bien des collèges. On a signalé le cas d'un collège auquel « les instituteurs de toute une contrée, embrigadés par leur inspecteur, font une guerre sans merci pour garder, dans les écoles primaires supérieures, les élèves qui se destinent au baccalauréat moderne ». Les pensionnats primaires, que les instituteurs sont autorisés à organiser chez eux, contribuent aussi à dépeupler d'internes les classes élémentaires des collèges.

Les professeurs de lycée ne représentent point, comme les instituteurs, des agents électoraux; aussi les commissions du parlement ne leur ont-elles généralement accordé que le nécessaire, parfois même on a fait des exceptions en leur défaveur. N'avait-on pas décidé que les années d'école normale, qui comptent pour la retraite des instituteurs, ne compteraient plus pour la retraite des professeurs? N'avait-on pas proposé de supprimer la gratuité des études pour les enfants de ces mêmes professeurs, alors qu'on avait multiplié les bourses pour les enfants des écoles primaires?

Que les instituteurs soient, pour les lycées et collèges, les « recruteurs naturels des sujets d'élite », rien de mieux; mais doivent-ils provoquer artificiellement, dans les milieux auxquels appartiennent la plupart du temps leurs élèves, un afflux d'écoliers « moyens » et médiocres vers les divisions supérieures de l'enseignement secondaire? Nous ne le croyons pas. L'école publique n'est point faite pour seconder l'ambition des pères et mères qui veulent soustraire leur progéniture au travail manuel, pour créer de nouveaux aspirants aux emplois du gouvernement. Elle est faite pour préparer à la société des hommes honnêtes et capables d'honorer la profession même la plus humble; ce qui n'empêche pas de laisser tous les escaliers accessibles à ceux que leurs capacités exceptionnelles désignent pour monter plus haut. On se plaint sans cesse des éléments de démoralisation dus à la multiplication des déclassés de tout ordre, on se plaint de voir s'abaisser les grandes écoles du gouvernement, la haute industrie, le haut commerce, la haute finance, les hauts grades de l'armée, et on veut encore ouvrir l'entrée des carrières d'élite à ceux qui n'ont fait que des études moins élevées et moins prolongées; on veut ainsi produire vers ces carrières un courant factice! C'est la plus scandaleuse des contradictions.

Quand nous disons: « Point de déclassés », voulons-nous dire qu'il ne faille pas instruire le peuple ou la petite bourgeoisie? Loin de là ; il faut instruire chacun le plus possible, mais non pas tous de la même manière, ni par des méthodes qui produisent finalement un manque d'adaptation de l'enfant à sa condition future. Les déclassés ne sont pas les enfants instruits ; ce sont les enfants mal instruits, pourvus de connaissances abstraites dont ils ne trouveront pas l'emploi, dépourvus des connaissances pratiques dont ils auraient eu besoin [1]. C'est ce genre de déclassement qui est dangereux pour la moralité d'une nation, plus dangereux encore dans une démocratie, et que l'enseignement moderne mal compris va multiplier. Puisque vous avez, pour toutes les fonctions publiques, cette compétition croissante, élevez le niveau des conditions exigibles ; au lieu de favoriser l'invasion du primaire dans le secondaire, rendez partout obligatoires de bonnes études classiques et philosophiques : par là, vous

---

1. Dans le *Bulletin municipal* on constate que, pour 72 places d'instituteurs, il y a 1955 candidats, et que, pour 115 places d'institutrices, il y a 6847 candidats ! Pour la seule préfecture de police, il y a 65000 demandes d'emploi ! En revanche, les ouvriers étrangers prennent la place de nos nationaux, détournés de l'atelier et de la charrue.

éliminerez la tourbe des médiocres et vous hausserez l'esprit de vos fonctionnaires. D'autre part, il importe de fournir à l'industrie, au commerce, à l'agriculture, des esprits bien préparés, et c'est de ce côté que le véritable enseignement moderne aurait dû chercher sa voie.

En somme, il aurait fallu élever l'instruction primaire en y faisant pénétrer ce qu'il y a de meilleur dans l'esprit de l'instruction secondaire, au lieu d'abaisser la seconde en la rapprochant de l'autre, en lui enlevant peu à peu ses traits distinctifs, en la ramenant à une sorte de « gavage » scientifique, grammatical, historique, géographique, à la portée de tous les préparateurs et de tous les élèves. On tend ainsi à ne laisser entre les deux degrés d'instruction qu'une différence de quantité, non de qualité. Quant à l'enseignement supérieur, on lui a donné l'espérance de recruter des élèves aux dépens des classes de rhétorique et de philosophie. En outre, par des attaques inconsidérées et injustes contre le baccalauréat, on a préparé le dernier coup aux études classiques, qui n'auraient plus désormais pour sanction que des examens spéciaux. Le jour s'annonce ainsi où la démocratie dira : — Entre l'enseignement des écoles primaires et celui des Universités, à quoi sert l'enseignement secondaire? — Et elle ne comprendra pas qu'il sert précisément à sauver la démocratie, comme à entretenir le véritable esprit libéral et républicain.

II

Un des membres de la Chambre des députés, partisan lui-même de l'enseignement moderne, n'a pas manqué, dans son rapport sur le budget de l'Instruction publique, d'exprimer des reproches contre les professeurs de l'enseignement secondaire. Mais est-ce donc à eux qu'il faut faire remonter la responsabilité de tant des progrès à reculons? Non. C'est précisément aux soutiens de l'enseignement moderne. C'est aussi à des professeurs de l'enseignement supérieur, naguère hypnotisés par l'Allemagne, — et par une Allemagne imaginaire, — qui disent tous aujourd'hui avec une louable franchise: *mea culpa*. Ils croyaient naïvement que l'enseignement classique se fortifierait en se spécialisant dans une petite « élite »! Les patrons de nos fâcheuses réformes furent, outre des savants, — chimistes, naturalistes, etc., — d'éminents philologues, historiens, érudits, bref, d'autres spécialistes, d'autres « savants » en mots, en faits et en dates, tous défiants à l'égard des idées générales et des « idéologues », parfois peu sympathiques à la philosophie, qu'ils voulaient, en la couronnant de fleurs, exiler dans quelque salle étroite des Universités nouvelles, toujours à l'usage d'une petite « élite ». D'élite en élite, on serait arrivé à zéro.

On nous avait fait un tel tableau des études philologiques de l'Allemagne, de ses études historiques, de ses études géographiques (la légende aidant), que beaucoup crurent voir le relèvement et le salut dans les « suffixes et les préfixes », dans l'étude approfondie de la querelle des investitures ou dans celle du dessin des côtes de Norvège. Les professeurs de philosophie avaient beau protester, avec ceux de rhétorique; on accusait de « routine » les chercheurs les plus hardis dans le domaine de la pensée, les littérateurs les plus au courant de tous les raffinements de l'art contemporain.

Mais, pour qui connaît les vraies causes et les a vues à l'œuvre, c'est surtout sous la pression des partis soi-disant démocratiques qu'ont été accomplies les réformes à rebours par lesquelles l'Université travaillait contre elle-même et, simultanément, contre la vraie démocratie. La Chambre des députés se plaint aujourd'hui de voir les classes moyennes et supérieures échapper à l'Université de France, sur laquelle elle comptait pour entretenir l'esprit républicain; qu'elle s'en prenne à elle-même, à ses passions politiques et religieuses, à ses empiétements administratifs (qui font qu'on n'ose pas toucher à un fonctionnaire dévoyé sans s'exposer à une interpellation), à l'esprit de parti qu'elle a transporté jusque dans les hautes sphères de l'enseignement par le choix de ses ministres et par l'ingérence de ses membres, enfin à la perturbation publique qu'elle a entretenue et qui, après avoir pénétré même dans la magistrature et l'armée, devait faire irruption dans l'enseignement. Quand un pouvoir législatif issu d'un mode de suffrage dit universel, en réalité partiel, fausse la constitution, usurpe le gouvernement, étend ses attributions au delà de ses droits, s'efforce d'annuler le Sénat, la Présidence, les Ministres eux-mêmes en mettant la main sur les rouages et le personnel administratifs, comment s'étonner que la rupture d'équilibre se fasse sentir partout, jusque dans l'éducation de la jeunesse ?

En même temps que, pour plaire à une démocratie incompétente, les Ministres mis par la politique à la tête de l'Université travaillaient à désagréger les humanités nationales, ils toléraient dans le personnel universitaire un esprit d'indépendance allant parfois jusqu'à la licence, qui finissait par répandre l'inquiétude au sein des familles. On jugeait, bien à tort, le corps universitaire tout entier, professeurs, maîtres répétiteurs, instituteurs, sur les écarts de langage ou de plume dus à quelques enfants terribles[1]. Enfin, tandis que la politique descendait dans les régions jadis sereines de l'Université, nombre d'universitaires à leur tour s'aventuraient dans le domaine de la politique active et même militante. On vit se déployer alors une écharpe multicolore de professeurs conseillers municipaux, maires ou adjoints, de professeurs députés, sans compter les professeurs journalistes, allant du bleu le plus tendre au rouge le plus vif. Quelques services qu'ils pussent rendre, ils faisaient soupçonner l'instruction publique d'une sorte d'agitation interne peu favorable à sa mission éducatrice[2]. Il

1. Grâce à l'abaissement des diplômes et à la facilité de se procurer la licence scientifique sans études *classiques*, nous avons, parmi les maîtres répétiteurs, plus de quatre cents licenciés qui attendent des places dans quelque collège, alors qu'on peut seulement leur en accorder annuellement une vingtaine. De là des mécontentements qui se sont fait jour. Malgré la supériorité intellectuelle et morale des maîtres d'étude actuels, le journal de leur association a jeté la déconsidération sur eux et, par contre-coup, sur l'Université entière.

2. La politique militante a trop d'éléments démoralisateurs : les luttes les plus élevées en apparence y participent toujours, par les passions qu'elles déchaînent, par les moyens douteux qu'elles mettent en œuvre, des formes primitives de la lutte pour la vie : violence et ruse. Du jour où les notaires sont devenus hommes d'affaires et banquiers, on sait si leur moralité a baissé ; du jour où les professeurs deviendront des hommes de parti,

semblait que l'Université ne sût plus ni ce qu'elle voulait, ni ce qu'elle faisait; en réalité, elle était livrée par certains chefs d'occasion aux exigences de la politique pseudo-démocratique, à l'utilitarisme aveugle des familles, à l'incompétence des députés et de la presse, réclamant en chœur une instruction « appropriée aux besoins modernes », aux « tendances de la démocratie », aux « nécessités de la science et de l'industrie », traduisez : à l'ambition des parents et à la paresse des enfants. Parents et enfants n'avaient-ils pas, en effet, la même hâte d'arriver, par les voies les plus expéditives, aux résultats les plus lucratifs? Contre ce courant les professeurs de l'enseignement classique ont lutté, mais ils ont été débordés. L'Université n'est malheureusement pas à l'abri, comme elle le devrait être, des sautes de vent politiques, qui amènent au pouvoir les ministres les plus changeants, aujourd'hui pour

meneurs ou menés, leur moralité fera de même. La haute mission d'éducateur devrait interdire de toucher à certaines matières où il est difficile de garder toute la blancheur de ses mains. Le professeur a quelque chose du prêtre, qui semble si peu à sa place dans les luttes politiques.

Virgile et Homère, demain contre; aujourd'hui pour le maintien du baccalauréat, demain pour sa suppression; aujourd'hui présidant le grand banquet des maîtres d'études émancipés, demain luttant contre leurs associations. Si, dans les diverses divisions du ministère de l'Instruction publique et dans le Conseil supérieur, ne s'étaient pas trouvés quelques hommes de la valeur la plus haute, qui ont résisté de leur mieux, mais à qui on a forcé la main, les politiciens eussent fait de bien plus grands ravages encore dans les études. Mais, là comme ailleurs, une fausse démocratie a fini par tout inonder. Aujourd'hui, l'Université entière souffre du schisme introduit dans son sein par un enseignement moderne mal conçu, qui ne sera satisfait que quand il aura anéanti l'enseignement classique. Si l'on avait chargé les ennemis de l'Université de travailler à sa perte, ils n'auraient pas mieux fait, car ils n'auraient eu qu'à lui appliquer le vieil adage : « Tout corps divisé contre soi périra ».

Qu'on y songe bien, ce qui sera fait contre l'enseignement classique et contre les études latines sera fait contre la France et contre l'Université, au profit des ennemis de la France et des rivaux ou adversaires de l'Université. Plus, au contraire, les études classiques seront maintenues haut, plus elles auront de valeur littéraire et surtout de portée philosophique, et mieux elles assureront, avec l'influence internationale de notre pays, de notre littérature, de notre philosophie, de notre sociologie, la prééminence nationale de l'Université de France, grand rempart du libéralisme.

CHAPITRE III

**Réformes nécessaires dans l'enseignement classique.
Leur appropriation aux « besoins modernes ».**

I

Nous avons vu que l'objet des études classiques n'est pas seulement l'intérêt ni même l'instruction de l'individu, mais l'éducation des parties éclairées et dirigeantes du pays, en vue du pays même. Nous en avons conclu que les études franco-latines, couronnées pour tous par la philosophie, doivent demeurer chez nous la base essentielle de l'enseignement secondaire, parce qu'elles sont la plus sûre condition des études désintéressées, de ce qu'on pourrait appeler les humanités nationales et internationales. On ne saurait donc, tout en poursuivant des buts pratiques, trop réagir contre l'esprit d'utilitarisme dont font preuve les adversaires des études classiques, quand ils demandent, par exemple, s'il est nécessaire de savoir du latin pour étudier le code ou pour pratiquer la médecine et la chirurgie! Raisonnement qui irait à supprimer l'histoire comme inutile aux médecins et les sciences comme inutiles aux avocats.

Mais, tout en conservant ces études, il est clair qu'il faut les approprier aux besoins nouveaux, dans ce que ceux-ci ont de conciliable avec les besoins permanents de l'éducation libérale. Au lieu de se tenir ici dans le vague, comme le font ceux qui parlent sans cesse des « besoins modernes », ne vaudrait-il pas mieux préciser ce qu'on entend par ces mots? Selon nous, ces besoins sont au nombre de trois, dont l'importance est d'ailleurs inégale.

Le premier est la croissante nécessité des *études scientifiques*, qui résulte de l'incessant progrès de la science, devenue elle-même le plus puissant agent de transformation dans la vie moderne. Un pays qui ne cultive pas suffisamment la science, et dans sa théorie et dans ses grandes applications, prépare par cela même sa défaite, non seulement dans l'ordre intellectuel, mais aussi sur le terrain économique (pour ne pas parler de la puissance militaire). Nous faisons déjà l'épreuve de ce fait pour nos industries chimiques, autrefois si florissantes, et qui ne peuvent plus soutenir la concurrence allemande. Le ministère de l'Instruction publique l'avouait en 1896, « nombre de nos industries scientifiques sont forcées de se recruter à l'étranger ». Le bon recrutement de nos écoles scientifiques elles-mêmes est aujourd'hui mal assuré. En présence de l'affaiblissement progressif des examens, l'École polytechnique, désormais ouverte aux modernes comme aux classiques, a dû réduire, à partir de 1897, le programme des connaissances mathématiques dont les candidats ont à faire preuve. L'École centrale a été forcée aussi, à partir de 1897, d'abaisser en mathématiques le niveau de son programme. Pour l'admission à Saint-Cyr, on a dû faire aux mathématiques une amputation considérable, faute d'une « préparation suffisante » des candidats. On se plaint avec raison que les programmes de 1893, imposant une mauvaise orientation à la partie de la jeunesse qui avait du goût pour les sciences, l'ont « canalisée » malgré elle vers le droit et la médecine, qu'elle encombre, alors qu'elle manque à l'industrie.

Le second besoin est celui d'*études sociales*. Il résulte d'abord de l'avènement de la démocratie, qui, pour des citoyens appelés à prendre une part plus ou moins directe aux affaires publiques, rend indispensable la connaissance des questions politiques et économiques. En outre, l'affaiblissement des croyances religieuses rend nécessaire, par compensation, une culture philosophique, morale et sociologique, qui puisse régler et orienter les esprits.

Quant au troisième besoin des nations modernes, il est, en quelque sorte, international et consiste dans la possibilité d'une communication mutuelle des esprits par la connaissance des *langues vivantes*. Cette dernière nécessité n'offre pas, d'ailleurs, le caractère d'universalité qu'offrent les deux précédentes : tous les esprits soumis à une éducation « libérale » ont besoin, par cela même, d'une bonne culture scientifique générale, d'une bonne culture philosophique et sociologique; mais il n'est pas nécessaire qu'ils soient tous également capables de bien pratiquer les langues modernes : celles-ci répondent à des vocations déjà plus spéciales.

Ces principes une fois posés, demandons-nous si les besoins nouveaux sont incompatibles avec les anciens.

Il importe avant tout, avons-nous dit, de fortifier les études scientifiques, mais c'est ici qu'il faut prendre garde : charger les programmes de sciences n'est pas rendre les esprits scientifiques. Écoutez les hommes de science, chacun plaidera pour sa spécialité et voudra en encombrer les programmes. Dès qu'on a touché récemment à la géologie pour en supprimer l'étude, la Société de géologie a protesté et pétitionné, comme si tout était perdu dans l'enseignement secondaire faute de notions sur les terrains et les roches.

La vraie base de l'éducation scientifique est une

bonne culture mathématique et physique, d'où dérivent l'habitude du raisonnement déductif et inductif, l'initiation à l'idée de loi, au calcul des problèmes, aux méthodes d'expérimentation. Le reste est spécialité, acquisition de connaissances plus ou moins techniques et, trop souvent, affaire de pure mémoire. Géologie, minéralogie, botanique, zoologie, toutes les sciences proprement naturelles sont secondaires et doivent être réservées aux spécialistes. On néglige aujourd'hui les mathématiques, et pourtant elles sont l'instrument universel. La géométrie donne à l'esprit le sentiment de la rigueur, elle lui fournit un type de la science parfaite, elle l'introduit dans le temple auguste de la certitude. « La géométrie, dit Poinsot, est la base de toutes les sciences comme la grammaire et les humanités sont la base de toute littérature; cela est reconnu de tout le monde; mais ce qui n'est pas moins démontré pour nous, c'est que les deux études s'éclairent encore et se fortifient mutuellement. Les mathématiques jouissent de ce privilège inappréciable, et sans lequel il serait souvent superflu de les étudier : c'est qu'il n'est pas nécessaire de les savoir actuellement pour en ressentir les avantages, mais qu'il suffit de les avoir bien sues Toutes les opérations, toutes les théories qu'elles nous enseignent peuvent sortir de la mémoire, mais la justesse et la force qu'elles impriment à nos raisonnements restent. »

Poinsot a raison de ne pas séparer les études classiques et les études mathématiques. Les premières, tout comme les secondes, sortent de la mémoire, mais restent dans l'intelligence. Une version latine bien comprise et bien traduite développe plus les aptitudes intellectuelles dont profiteront les sciences, qu'un emmagasinage dit scientifique par voie de rédaction ou même par voie d'expériences dans un cabinet de physique, où le maître seul a une initiative et où l'élève ne fait que regarder. Il n'y a en ces exercices passifs rien qui éveille l'esprit de déduction, d'induction, d'invention, rien qui fortifie et assouplisse l'intelligence, rien, par conséquent, qui développe la vraie aptitude scientifique. On ne devient pas un savant en *apprenant* des sciences, mais en acquérant le sens et les méthodes scientifiques. Les exercices littéraires y servent eux-mêmes, en développant, à côté de l'esprit de géométrie, ce correctif indispensable qui est l'esprit de finesse. Comme l'ont montré les Pascal et les d'Alembert, « l'esprit de conjecture » que développe au plus haut point la pratique de la traduction, de la composition littéraire et de la dissertation philosophique, est « plus admirable quelquefois que l'esprit même de découverte, par la sagacité qu'il suppose dans celui qui en est pourvu », par l'adresse avec laquelle il fait entrevoir ce qu'on ne peut parfaitement connaître, « suppléer par les *à peu près* à des déterminations rigoureuses et substituer, lorsqu'il est nécessaire, la probabilité à la démonstration ».

Il y a aujourd'hui des politiciens, en France, qui considèrent une sorte d'enseignement primaire perfectionné comme pouvant servir, dans un temps prochain, de base suffisante à l'enseignement supérieur scientifique et technique. On peut leur répondre par l'exemple de l'Angleterre et de l'Allemagne. Lord Salisbury a reçu récemment une nombreuse délégation d'associations d'instruction, et sir Henry Roscoe lui disait, au nom de l'*Association nationale pour le développement de l'enseignement technique* : « C'est un fait reconnu que la haute éducation technique, en ce pays, souffre du manque d'une préparation convenable des esprits donnée dans des établissements d'instruction *secondaire* ; en fait d'instruction technique systématique et supérieure, il y a peu à espérer tant qu'on n'aura pas établi comme *base* une instruction *secondaire* telle qu'elle existe depuis longtemps dans les pays continentaux. » Un bill doit être présenté aux Chambres en ce sens. Tout récemment, la commission royale d'Angleterre se rangeait à l'opinion de M. Keeling : « Notre suprématie *industrielle* ne saurait se maintenir que si nous faisons quelque chose pour développer l'intelligence *générale* de nos classes moyennes. Les manufacturiers se sont plaints, et avec raison, que nos élèves manquent d'initiative. L'infériorité de l'Angleterre vis-à-vis de l'Allemagne dans les sciences pratiques a été attribuée par les hommes compétents non pas tant aux *institutions spéciales* de l'Allemagne, qu'au niveau plus élevé de son instruction secondaire à un point de vue *général.* » Or, en Allemagne, l'instruction secondaire a le latin et les humanités pour fondement inébranlable.

« En France, dit M. Moissan, la culture générale ne fait pas défaut », du moins pour ceux qui ont fait sérieusement leurs études classiques; « mais la recherche scientifique n'est pas suffisamment organisée. » Voulez-vous avoir des chimistes et des industries comme en Allemagne, maintenez comme elle le niveau élevé des études classiques, mais avec de fortes bases scientifiques, et, en même temps, fondez comme elle des écoles techniques et des laboratoires de chimie. L'Institut Pasteur, en France, ne fait-il pas des recherches et des découvertes dont s'occupe le monde entier? C'est qu'il a des méthodes et une organisation.

Il ne faut point séparer de la plus haute théorie la haute pratique industrielle. Qu'est-ce que la pratique sans la théorie? Une routine grossière. Mais la théorie sans la pratique? Une spéculation sans contrôle, qui peut dégénérer en une sorte de dilettantisme et parfois de mysticisme. Voyez les anciennes divagations de l'électro-dynamique sur les fluides, les molécules et les substances; voyez les rêveries actuelles des mathématiciens sur les espaces à quatre dimensions et sur les obliques paradoxales qui ont l'obligeance de ne pas rencontrer les perpendiculaires. La grande théorie de la conservation de la force, — le plus important progrès des sciences physiques, — a eu pour origine l'utilisation pratique de la conservation de l'énergie. C'est le spectacle de la sélection artificielle, depuis longtemps pratiquée par les éleveurs et les horticulteurs, qui a suggéré à Darwin sa théorie de la sélection naturelle, rénovatrice de la biologie[1]. La pratique de l'inoculation a inspiré aussi, quoique de plus loin, les modernes théories microbiennes, rénovatrices de la médecine. La science actuelle exige une communion constante de la théorie et de la pratique. Nos grands théoriciens d'autrefois, Thénard, Dumas, Pelouze,

1. Cf. le remarquable discours de M. de Brouckère à la séance de rentrée de l'Université nouvelle de Bruxelles, 1896.

Balard, Chevreul, Sainte-Claire-Deville, etc., rendirent d'éminents services à nos industriels et ne dédaignèrent pas de faire breveter leurs découvertes susceptibles d'application pratique. Les travaux de Pasteur, dirigés par des vues théoriques et par le pur amour de la vérité scientifique, n'en ont pas moins eu des conséquences essentiellement pratiques. Insensé, a dit M. Berthelot, le théoricien qui s'enfermerait dans la solitude égoïste de ses systèmes, « affectant de dédaigner les applications incessantes de la science à la civilisation, à la richesse et au bonheur des peuples! » Mais non moins insensé le praticien qui, « satisfait des connaissances de ses ancêtres, s'immobiliserait dans leur admiration conservatrice et traditionnelle, refuserait d'élargir et de transformer les procédés de son industrie, de manière à la maintenir chaque jour au courant de la théorie la plus nouvelle et la plus raffinée ». Ce souci simultané du théorique et du pratique a dirigé jusqu'ici les Allemands, et là est le secret de leur force.

Les langues vivantes sont, comme nous l'avons

vu, un des besoins auxquels les études classiques doivent faire une part. Ces langues ont obtenu trois heures en sixième, cinquième et rhétorique, deux heures en quatrième, troisième et seconde, une heure facultative en philosophie. Ce temps est suffisant pour apprendre une langue moderne, si on exige des élèves un travail sérieux et de l'attention. Croit-on que les étrangers qui apprennent notre langue y consacrent plus d'heures ? Au reste, selon tous les rapports officiels, l'étude actuelle des langues, dans l'enseignement classique, donne déjà d'excellents résultats. Mais la culture littéraire, dans l'enseignement classique, ayant lieu par les littératures ancienne et française, l'étude des langues vivantes devrait y avoir, selon nous, un caractère essentiellement et exclusivement pratique. Nous pensons donc qu'il faut supprimer l'étude des poëtes anglais et allemands, si difficiles, pour s'en tenir aux prosateurs, aux thèmes usuels et aux exercices de conversation. Là encore il faut simplifier le plus possible et ne pas changer les langues modernes en nouvelles matières d'érudition littéraire ou historique, quand elles ne doivent avoir qu'un usage scientifique ou commercial. Dans les langues vivantes, a dit avec raison M. Berthelot, on réclame avant tout « un objet réel et un emploi immédiat ». Tant que ce but ne sera pas atteint, on aura droit de se plaindre hautement « du vice des méthodes et du détriment réel apporté aux élèves ».

Il est clair que l'étude des sciences, en augmentant les sujets à apprendre, impose dans l'enseignement classique l'abandon d'autres matières. Il y a donc là des sacrifices inévitables, qui, d'ailleurs, doivent varier selon les catégories d'élèves et selon les grandes directions dans lesquelles ils se sentent engagés. Le problème est de concilier l'unité nécessaire avec la variété nécessaire.

Nous voudrions voir l'enseignement classique se réformer d'après les principes suivants : unité d'éducation et diversité d'instruction.

L'unité aurait pour moyens le français, le latin, l'histoire, la philosophie, bases immuables et intangibles, qui répondent aux besoins permanents d'une éducation libérale.

Dans les trois dernières années d'études, pour introduire une diversité de *connaissances* devenue nécessaire, des équivalences seraient admises entre : 1° les mathématiques ; 2° les sciences physiques et naturelles ; 3° le grec ; 4° les langues modernes. Il importe peu que tel élève ait fait, dans les dernières années, plus d'algèbre et moins d'histoire naturelle ; tel autre, au contraire, plus d'histoire naturelle et moins d'algèbre ; que celui-ci ait poussé un peu plus avant l'étude du grec et celui-là l'étude d'une langue moderne, si tous ont reçu depuis la septième et continuent de recevoir simultanément, jusqu'à la fin des études, une forte culture franco-latine, morale et philosophique.

Quelque admiration que nous ayons pour la langue grecque, nous ne saurions la mettre sur le même plan que le latin, quand il s'agit de l'éducation des Français. Cette langue subtile, flexible et diverse, est vraiment trop difficile et, pour le plus grand nombre d'esprits, elle exige un effort tout à fait disproportionné avec le résultat. Elle s'oublie très vite, tandis que le latin ne s'oublie guère. Faites l'expérience, prenez un auteur latin, vous comprendrez bien des choses; prenez un auteur grec, si vous n'êtes pas helléniste, que comprendrez-vous? De plus, le grec n'est pas la langue mère de la nôtre. Ce n'est pas la pratique du grec, mais celle du latin, qui est une initiation à notre littérature et à notre esprit national, comme aussi à l'art d'écrire en français. Nous ne pouvons donc pas considérer le grec comme un élément *essentiel* et *perpétuel* de tout enseignement libéral pour tous; c'est une belle et noble étude spéciale, qui doit être réservée à une élite. Au reste, il n'a été introduit dans les études secondaires qu'avec la Restauration. Il est évident que, pour la plupart des élèves, surtout ceux qui se destinent aux carrières scientifiques, l'étude prolongée du grec n'est plus aujourd'hui nécessaire, tandis que le latin demeure un élément vital de la haute culture *française* et, ajoutons-le, de la haute culture internationale.

Je n'hésite pas à dire que le temps consacré au grec, 6 heures en quatrième (contre 5 heures de latin), 5 en troisième, 5 en seconde, 4 en rhétorique, est du temps perdu ; qu'il faut l'utiliser d'une autre manière, en faisant acquérir aux élèves des connaissances scientifiques, morales, sociales, autrement importantes que le grec pour l'éducation même comme pour la vie pratique. Savoir lire le grec, connaître quelques déclinaisons et quelques conjugaisons simples, ainsi que quelques mots usuels dans les étymologies, cela est suffisant aujourd'hui et, en fait, c'est tout ce qui reste (quand cela reste) de l'immense et fastidieux effort des longues classes de grec. Autant commencer par la fin, consacrer le temps ainsi acquis à des études vraiment capables d'élever l'esprit. Il faudrait ne donner au grec, dans les classes de grammaire, qu'une heure par semaine et mettre plus tard quelques classes de grec supplémentaires à la disposition d'un petit nombre de très bons élèves. — On ne saura pas le grec ! — Ce sera donc comme aujourd'hui, avec cette différence qu'on saura du moins autre chose.

Puisqu'il faut partout simplifier et élaguer, nous ne pouvons approuver la direction trop his-

torique donnée à l'étude des littératures et l'abus
que l'on fait aujourd'hui de l'érudition, surtout
en ce qui concerne le moyen âge et le xvi⁰ siècle.
Nous estimons que c'est autant d'enlevé à la connaissance des vrais grands écrivains des trois
derniers siècles. Sous prétexte de l'intérêt historique et patriotique qu'éveille la recherche de nos
origines littéraires, les moyen-âgistes ont envahi
l'enseignement et inventé de nouveaux moyens
d'y perdre le temps. Le vrai patriotisme n'est pas
de lire de vieux et très médiocres auteurs, mais
de mettre la patrie en état de maintenir dans le
monde son véritable esprit *moderne,* avec son influence scientifique et philosophique. Les savants
et les philosophes y contribueront plus que les
troubadours. L'histoire de la vieille littérature ne
développe en rien l'esprit littéraire. La moindre
composition française sur un sujet quelconque
fera infiniment plus pour le progrès des enfants.
A tous les exercices passifs aujourd'hui à la mode,
substituons les exercices actifs que seuls prati-
quaient nos pères, même au temps où les romantiques ressuscitaient le moyen âge. Nous n'hési-

terions donc pas à supprimer presque toute cette histoire littéraire qui, pour les élèves, n'est qu'un stérile exercice de mémoire. A force de réagir contre le dogmatisme des vieux humanistes, on est tombé dans le pur « historisme », qui, à son tour, s'accommode si bien de l'impressionnisme, et qui n'a jamais formé de vrais lettrés.

Non moins fâcheuse a été l'invasion de l'histoire érudite, de tout ce qui sent l'École des Chartes, l'École des Hautes Études et le Collège de France. Les petits faits ne valent guère mieux que les mots pour l'éducation. On parle sans cesse d' « apprendre » l'histoire. Non, ce n'est pas là le but, car ce que l'enfant aura « appris », soyez bien sûr qu'il l'aura vite oublié. Et c'est ce qui montre la profonde inutilité de ces masses de faits dont on encombre la tête des élèves. Mettez à part quelques grands événements qu'il faut bien retenir, qu'est-ce qui devra rester dans l'esprit? Simplement le sens de la vie nationale et des choses publiques, le respect de la tradition joint à l'espoir du progrès, enfin la culture du sentiment patriotique. Le reste, — batailles, traités, intrigues, etc., — est voué au bienfaisant oubli. Pourquoi donc ne pas s'en tenir au nécessaire? Qu'on fournisse en gros aux élèves les derniers résultats de la critique historique, — en attendant que ces résultats soient modifiés par une critique nouvelle, — soit; mais les détails de l'histoire sont ce qu'il y a de plus nuisible. Les esprits ont autre chose à faire que de se perdre dans le passé, alors que le présent et l'avenir les appellent. Ce qu'il y a d'éternel dans le passé, ce ne sont pas les faits et les dates, ce sont les œuvres de la pensée, les idées, les sentiments, leur expression artistique et littéraire. Aux historiens de détail les vrais éducateurs doivent dire : « Laissez les morts ensevelir leurs morts. »

Ce qu'il faut avant tout proscrire, la peste de l'enseignement classique actuel, c'est la philologie, avec toute la vaine érudition qui s'y rattache. Aux plus beaux temps de l'humanisme, on ne s'est jamais préoccupé en France de toutes ces curiosités grammaticales et historiques; en tout cas, quel que soit leur intérêt spéculatif, elles ne peuvent constituer que des études très spéciales.

Si les Allemands y trouvent leur bonheur et, au lieu d'apprendre à bien écrire, se perdent dans le commentaire des textes, cela les regarde; mais, en France, c'était la dernière chose que nous eussions à leur emprunter, comme étant la plus en opposition et avec le génie traditionnel de notre pays et avec les vrais besoins de notre époque.

Parmi les vérités que l'empereur d'Allemagne a su mêler, dans ses discours, aux fantaisies de son imagination débordante, il faut noter celle-ci, dont nous pouvons tirer notre profit nous-mêmes : « Le point fondamental est que, depuis l'année 1870, les *philologues* ont siégé dans l'instruction en *beati possidentes* et qu'ils ont principalement porté leur attention sur la *matière* à enseigner, sur l'enseignement et sur le *savoir*, mais non sur la formation du caractère et sur les besoins de la vie présente. »

On a cru faire merveille en introduisant, jusque dans la classe de quatrième de l'enseignement *moderne*, des questions auxquelles nos plus grands littérateurs et les meilleurs humanistes de l'ancienne Université eussent été bien en peine de fournir une réponse satisfaisante. — « Notions élémentaires de grammaire *historique*; persistance de l'*accent tonique* dans les mots d'origine populaire. Mots tirés du latin par les *savants*, souvent en opposition avec les règles de l'accent tonique. *Doublets.* » — Questions d'autant plus étranges dans l'enseignement moderne qu'elles supposent la connaissance du latin. Dans l'enseignement classique lui-même, l'étude des doublets est la manière la plus inutile de perdre un temps précieux! Quoi! au moment où on reproche à l'enseignement universitaire de trop étudier des *formes* et où on lui demande plus de *choses*, plus d'*idées*, vous lui donnez pour aliment des *mots*!

La griffe des philologues se retrouve dans le besoin qu'on a éprouvé, au moment même où les études latines étaient battues en brèche, d'en compliquer encore la difficulté en modifiant l'orthographe latine selon les découvertes les plus récentes des érudits. Par exemple, le professeur de latin était heureux autrefois de dire : *adolescens* est devenu en français *adolescent*; aujourd'hui, nos enfants écrivent : *adulescens*, ce qui brouille un peu plus leurs idées. On dit en français *intelligent*, adoptons pour nos élèves *intellegens* : ce sera plus *intellegible*! Nous leur avons appris qu'en français il faut écrire *milliers* par deux *ll*, ayons bien soin de leur faire écrire en latin *milia* au lieu de *millia*, orthographe séculaire. *Condition* doit s'écrire par un *t*; en conséquence, adoptons pour l'orthographe latine *condicio*, qui apportera une différence de plus entre le français et le latin. De même, remplaçons *exilium* par *exsilium*, *littus* (d'où vient littoral) par *litus*. Nous disons en français *Jupiter*, disons en latin *Juppiter*, pour aider les élèves. L'antique *conciones* est devenu doctement *contiones*, mais on ne sait plus faire un discours latin. Virgile s'appelle en latin *Vergilius*; finira-t-on par l'appeler en français *Vergile*? Et *quattuor*, au lieu de *quatuor*, *sescenti* au lieu de *sexcenti*, *plebeji* pour *plebeii*, *belua* au lieu de *bellua* (ce qui rend inintelligible le mot *belluaire*), que de progrès! Et comme on sait mieux le latin de nos jours! Quand nos jeunes gens prendront un Horace ou un Cicéron dans la bibliothèque de leur père, ils ne retrouveront plus l'orthographe du collège, et ils hésiteront entre deux ou trois orthographes latines. En revanche, on n'a modifié en rien les inexactitudes et les erreurs de notre orthographe française, qui continue d'offrir à nos enfants et aux étrangers des difficultés inextricables[1].

Au moment même où le latin était battu en brèche, les philologues ont eu cette idée de génie : — Faire du latin une « fin en soi », changer la grammaire en « science », compliquer les méthodes, faire l'histoire des mots et des formes, remettre le thème d'autant plus en honneur qu'on ne devait plus écrire en latin, en un mot, fabriquer de petits érudits en « inscriptions et belles-lettres », qui mêleront à une ignorance fondamentale et

---

[1]. Notre langue a l'avantage d'être un complément naturel du latin, qui lui sert de clé et qui est étudié par toutes les classes cultivées du monde. Elle a aussi l'avantage de rendre facile la connaissance ultérieure de l'espagnol et de l'italien. Nous devrions profiter mieux de cette situation privilégiée et faire quelques efforts pour simplifier grammaire et orthographe. On ne peut compter là-dessus sur l'initiative de l'Académie française, qui ne semble pas disposée à prendre jamais une initiative quelconque ; le ministère de l'Instruction publique peut seul commencer les réformes.

grossière quelques bribes de philologie devant lesquelles le bon Rollin eût ouvert de grands yeux. Et pourtant Rollin était meilleur psychologue et philosophe quand il écrivait : « Les auteurs, voilà le *dictionnaire vivant*, la *grammaire parlante*, où l'on apprend par l'expérience même la force et le véritable usage des mots, des phrases et des règles de la syntaxe ». Et déjà Ramus avait dit : « Peu de préceptes, beaucoup d'usage ».

Autre trait de génie des philologues. Au moment même où on supprimait les vers latins, où toute métrique devenait conséquemment inutile, ils ont fait étudier cette métrique à fond, pour elle-même. Toujours la *fin en soi*, l'adoration du tribraque pour le tribraque et du trochée pour le trochée ! Ouvrez les savantes prosodies dont on nourrit nos enfants, vous y apprendrez par quelle exception telle voyelle est longue ou brève, exception qu'ils n'auront jamais à appliquer. Ainsi, à un exercice actif qui avait pour les bons esprits son utilité, les vers latins, on a substitué pour tous un nouveau procédé de bourrage. Que ne fait-on aussi scander les strophes grecques? Que n'enseigne-t-on la prosodie chinoise? Elle doit avoir ses curiosités [1].

1. Nous avons sous les yeux plusieurs traités de prosodie et de métrique. Dans l'un de ceux qui se donnent comme élémentaires et qui a eu l'approbation des plus hautes autorités, l'auteur déclare avoir « volontairement supprimé les termes et les discussions qui auraient pu effrayer l'inexpérience des enfants »; c'est pourquoi il leur parle longuement (page 96) de la césure *penthémimère*, qu'on remplace quelquefois « par une césure hepthémimère, ordinairement accompagnée d'une césure trihémimère ». Il les initie aux *synalèphes*, aux *apocopes* et aux *aphérèses*, et il les avertit qu'il a « adopté la scansion par anacruse et supprimé le choriambe dans les vers logaédiques » (P. III). Il leur révèle aussi les mystères du « quaternaire hypermètre ou dimètre hypercatalectique ou encore ennéasyllabe alcaïque ». Que dire du « vers hexamètre dactylique catalectique in dissyllabum », du procéleusmatique tétramètre catalectique, du dochmiade dimètre, et de la strophe trochaïque hipponactéenne, du dystique trochaïque hipponactéen? C'est ainsi que l'on développe le sens poétique des élèves. Mieux vaudrait les envoyer jouer.

Ce même auteur apprend aux élèves (p. 124) que « la loi de l'anglais Porson (1759-1808), qui veut qu'entre le premier et le dernier temps fort d'un hémistiche trochaïque ou iambique un demi-pied faible suivi d'un repos soit formé d'une brève, a été inconnue des Latins et même des poètes comiques grecs. Elle ne s'applique qu'au trimètre iambique et au tétramètre trochaïque catalectique de la tragédie ». Alors, pourquoi en parler?

Voici un enfant qui ne fera jamais de vers latins, et vous lui faites apprendre dans vos prosodies les plus élémentaires que « *o* est bref dans *volo*, tandis qu'il est long dans *jubeo*. Exemple : *Sic volo, sic jubeo* »! N'eût-il pas bien vu lui-même, en lisant, que *volo* est bref? Et d'ailleurs, qu'importe? J'ai été moi-même jadis de première force en vers latins, — et de même J. M. Guyau,

Un ancien professeur, dans un opuscule intitulé *Au pays de Despautères*[1] (Despautères était un grammairien), nous donne à savourer cette règle de grammaire qu'il a trouvée dans un cours — et nous aurions été tous les deux absolument incapables de réciter des pages de métrique ou des règles d'accentuation latine sur les *enclitiques* et les *proclitiques*. C'était le temps où on croyait encore, avec le grand Aristote, que « savoir, c'est faire », et non apprendre des mots. On a changé tout cela, on a mis « le cœur à droite », l'intelligence dans la mémoire, la littérature dans l'histoire de la littérature, l'étude des langues dans l'étude des grammaires, celle de la poésie dans la métrique. Et on intitule ces procédés « méthodes *scientifiques* », alors qu'ils sont la négation même de toute psychologie scientifique et de toute pédagogie scientifique! Les humanistes ont été livrés aux linguistes.

Voici maintenant le résultat des études de métrique, je ne dis pas chez les élèves, ni même à la licence, mais à l'agrégation de grammaire. Les candidats, ne faisant plus de vers latins et se chargeant la tête de métrique, arrivent, d'après le rapport du président du jury en 1897, à scander ce vers des *Géorgiques* :

Orchades et radii et amara pausia baca,

de la manière suivante :

Orchădĕs | ĕt răd̄ĭ | (i) ĕt ā | mărā;

faute que le dernier de mes camarades de lycée n'aurait pas faite jadis, alors que nous n'apprenions pas un mot de métrique. Nul de nous n'aurait songé à faire *et* long devant une voyelle, et *a* long dans *ămārŭs*. Si, grâce aux méthodes savantes, tels sont aujourd'hui les candidats de l'agrégation de grammaire, que sont les élèves?

1. Librairie Armand Colin et Cie.

destiné à une classe de quatrième : « Pour reconnaître le temps du subjonctif qu'il convient d'employer, il faut ramener le mode subjonctif au mode indicatif, soit en faisant de la complétive une proposition indépendante, soit en remplaçant le verbe qui gouverne le subjonctif par un verbe qui gouverne l'indicatif, conformément au tableau ci-dessus. » Et encore, — pour des enfants de douze ans : « L'imparfait marque un présent dans le passé, le plus-que-parfait un passé dans le passé. Le conditionnel marque un futur dans le passé et une sorte d'imparfait du futur. Le conditionnel antérieur marque un futur antérieur dans le passé et est une sorte de plus-que-parfait du futur. » Et voilà pourquoi vos fils sont muets : ils apprennent trop de grammaire pour en savoir quand on les interroge[1]!

D'autres professeurs, se conformant aux grammaires de savants érudits, font apprendre des

---

1. L'auteur mentionne une classe de troisième où la composition de récitation a eu pour matière près de 200 pages de grammaire. Ceci n'est plus seulement *furor grammaticus*; c'est un véritable attentat à la santé physique et intellectuelle des enfants.

listes de mots latins ou grecs, doctement classés. Ils énumèrent aussi « les 11 adjectifs grecs en υς qui forment leurs degrés de comparaison d'une certaine façon (et ces 11 forment 3 catégories), les 10 verbes en ω et qui ont le radical verbal, puis les 16 verbes qui prennent un redoublement attique », etc. Comment se fait-il qu'on sache moins de grec que jamais? La raison est simple : au lieu d'en lire, on passe le temps à faire de la grammaire.

Aux beautés de l'analyse grammaticale, s'ajoutent celles d'une analyse dite logique. Un de nos meilleurs maîtres de grammaire, dans son *tableau d'analyse*, a fait cette découverte, qui renverse toute la logique des philosophes, que, « dans les propositions qui renferment un verbe attributif au participe passé, conjugué avec l'auxiliaire *avoir*, on a *deux attributs*, l'un qui est attribut au sujet, l'autre qui est attribut au complément direct : « *Il a écrit une lettre* = Il — est — *ayant* (attr. au sujet) *une lettre — écrite* (attr. au compl.). » La philosophie d'Aristote est détrônée par la grammaire dite *savante*. Il y a maintenant des attributs de complément et des attributs de sujet !

Nous savons bien qu'il ne faut pas juger l'ensemble de nos classes de grammaire sur les erreurs de quelques professeurs trop zélés. L'Université de France a des maîtres incomparables, aussi savants que consciencieux, et cela dans les classes de grammaire comme dans les classes de lettres ; mais une fausse direction leur a été imposée d'en haut ; l'enseignement secondaire a reçu son mot d'ordre de l'enseignement supérieur, qui se perd si aisément dans le spécial et le technique. De là les aberrations de l'enseignement grammatical et même littéraire. Mais ces aberrations ne devraient pas être possibles. On ne devrait pas les encourager indirectement par les programmes de métrique ou par l'approbation des grammaires philologiques. On raconte qu'un jour on présenta à un empereur romain un habile homme qui, jetant des pois en l'air, les rattrapait avec une aiguille ; pour le récompenser, l'empereur lui fit cadeau ironiquement d'un boisseau de pois. Il eût fait le même présent à nos philologues.

L'agrégation de grammaire, comme les autres d'ailleurs, devrait être elle-même réformée et orientée tout autrement. Ne demandez pas à nos professeurs de grammaire, qui devront instruire de tout jeunes enfants, d'être des érudits, mais d'être de bons et simples humanistes, des psychologues éclairés et surtout des moralistes. En conséquence, exigez des candidats une dissertation de psychologie et de morale, et interrogez-les à fond sur la philosophie. Ce sera le moyen d'ouvrir des perspectives et des horizons dans la forêt « de Despautères »; ils connaîtront mieux les enfants, ils seront plus préoccupés d'élever leurs esprits et de former leurs cœurs par quelques réflexions littéraires ou morales que de surcharger leur mémoire de philologie pseudo-scientifique. Si on veut relever les études classiques, il faut chasser du temple les vendeurs d'érudition allemande.

J'ai assez soutenu les études classiques et j'en ai une assez longue expérience, j'ai moi-même assez approfondi jadis le latin et le grec pour avoir le droit, en présence des faits actuels, d'exprimer ce jugement sincère : les études classiques ne seront sauvées que par l'abandon presque total du grec pour la grande majorité des élèves, par le retour à l'étude simplifiée du latin en vue de la culture littéraire et française, enfin par l'extension à tous les élèves des études scientifiques, morales, sociales et philosophiques.

Toute autre voie, loin d'aboutir à faire vivre l'enseignement classique, finira par le faire disparaître au profit du plus plat enseignement « moderne ». C'est même là-dessus que comptent les partisans de ce dernier enseignement. Déjà ils ont eu soin de compliquer les études classiques et ont fait mine de les embrasser pour mieux les étouffer; ne faites pas leur jeu — comme l'ont fait les philologues et, dans une certaine mesure, les historiens, — en vous attachant précisément, sourds et aveugles, aux parties les plus caduques de l'enseignement des jésuites et des lycées napoléoniens, en négligeant les seules parties aujourd'hui vivantes, explication littéraire des auteurs latins, composition française et dissertation philosophique. Laissez là toute la philologie, la phonétique, la sémantique et la métrique : prenez des auteurs latins, faites-en expliquer le plus possible; faites faire des versions, habituez les enfants à traduire, et ne vous inquiétez pas tant de savoir s'ils feraient des solécismes en écrivant du latin, puisqu'ils n'en auront jamais à écrire. Vous avez supprimé tous les exercices actifs de l'ancienne Université, vers latins, discours latins; ayez au moins le bénéfice de cette suppression, gagnez du temps et employez ce temps à autre chose qu'à des amusements de grammairiens. Faites apprendre dès la septième, dès la huitième, des déclinaisons et conjugaisons latines, qui n'ont rien de difficile et se casent facilement dans les jeunes têtes; faites expliquer quelques phrases d'*Epitome*; vous aurez ainsi établi une base. Il vaut mieux apprendre un peu en deux ans que beaucoup en un an. Ne tolérez, dans les classes de grammaire, que des thèmes simples sur les formes les plus élémentaires et les règles les plus élémentaires; faites scander quelques hexamètres et pentamètres, rien de plus. Proscrivez impitoyablement toute érudition, toute philologie. A partir des classes supérieures, presque plus de thèmes, détachement absolu de la question des solécismes. Si, en outre, les élèves de la division littéraire arrivent à traduire quelques textes grecs très simples, nous ne leur en demanderons pas davantage. Étant donnée la surcharge de connaissances à acquérir, comment pourraient-ils approfondir le grec, que d'ailleurs on n'étudiait pas au xviie et au xviiie siècle, quoiqu'on eût alors du temps de reste, et qui, répétons-le, n'a été introduit que depuis la Restauration? Pourquoi s'obstiner à l'impossible? Ce qui est mort est mort; vous ne le ferez pas revivre. Et sous prétexte de sauver le grec, vous ferez prendre en aversion le latin même, si facile et, entre les mains de bons maîtres, si intéressant! Autant le grec est un objet de terreur pour la plupart des élèves, autant le latin, littérairement étudié en vue du français même, débarrassé des broussailles grammaticales, du thème, des vers, de la métrique, de la composition latine, leur semble abordable, — bien plus que l'allemand et au moins autant que l'anglais.

Mais les pires ennemis du latin sont les latinistes de profession, qui ont emprunté aux grammairiens allemands leur myopie, leur complète absence de sens philosophique et littéraire.

Aujourd'hui, on donne au latin tantôt 10 heures, tantôt 8, tantôt 6, au grec de 4 à 5 heures, et les sciences n'obtiennent que 2 heures en moyenne. Ce temps énorme consacré au latin se comprenait au temps où le but était d'arriver à écrire en prose latine et en vers latins ; mais aujourd'hui, pourquoi passer 10 heures par semaine sur la grammaire latine ? A ce plan laborieux et fastidieux, d'autant plus vide qu'il est plein d'inutilités, nous substituons un plan des plus simples et le même pour tous les élèves : deux ou trois classes de latin (de 2 heures chacune) par semaine, permettant deux versions en une semaine et, la semaine suivante, une version et un thème, avec explication des auteurs latins pendant trois quarts d'heure environ à chaque classe. N'est-ce pas tout ce qu'on peut raisonnablement accorder au latin ? Discours latins et vers latins doivent être réservés comme titre d'honneur et de récompense, aux premiers élèves de la classe. Les autres élèves sauront autant et plus par cette méthode qu'ils n'en savent aujourd'hui, parce qu'ils ne seront pas dégoûtés par l'érudition grammaticale ou historique. Quant au grec, une heure par semaine est suffisante pour le peu qu'aujourd'hui on doit accorder à cette langue. Trois heures de français (comme aujourd'hui) permettent de faire chaque semaine une composition française quelconque, tantôt devoir d'orthographe, tantôt narration, lettre, description, discours, dissertation, vers, etc. Les versions constituent elles-mêmes, répétons-le, d'excellents moyens d'apprendre le français (y compris l'orthographe); de même pour les explications, où la traduction orale en français par les élèves sera toujours obligatoire. Nous laissons, comme aujourd'hui, aux langues vivantes de 2 à 3 heures, à l'histoire une classe de 2 heures, à la géographie une classe de 1 heure. Et il nous reste (là est la grande différence) 10 heures environ par semaine, ce qui est plus que suffisant pour une bonne préparation mathématique et physique, et pour une première initiation aux études morales et sociales (instruction morale et civique).

A partir de la troisième, jusqu'à la rhétorique inclusivement, nous supprimons le grec et une classe de latin pour les élèves qui se destinent aux carrières scientifiques. Nous avons ainsi 9 heures pour les sciences par semaine[1]. En philosophie, nous avons trois classes de philosophie communes et obligatoires pour tous les élèves quels qu'ils soient, et nous supprimons, pour les élèves scientifiques, la quatrième classe, ce qui assure 11 heures aux classes de sciences.

Par l'adoption de ce plan, nous voilà débarrassés du même coup de la *concurrence* des modernes, de la *concurrence* des « scientifiques », de tout ce qui divise l'enseignement contre soi, de tout ce qui laisse dans les esprits des élèves le regret d'une autre étude, *peut-être* plus facile ou plus courte, de tout ce qui peut les distraire, les détourner, les décourager. Nous ne rompons pas

---

[1]. Ou 8 heures, en réservant une heure pour le cours d'*instruction morale pratique et d'instruction civique et économique.*

la tradition latine ni le lien du français avec la langue mère, mais nous donnons pleine satisfaction aux vrais « besoins modernes », qui sont tout simplement scientifiques et philosophiques. Nous mettons fin à toutes les récriminations des politiciens du Parlement, comme à toutes les hésitations et expérimentations continuelles des pédagogues. Unité et intégralité de l'instruction secondaire, indivisiblement classique, scientifique et philosophique, voilà la seule vraie solution.

Pour atteindre le but, une révolution n'est pas nécessaire : il suffit : 1° de réformer modestement et sans bruit l'horaire des lycées, 2° de ramener l'enseignement moderne à sa destination pratique. Si notre pays adoptait ce plan bien simple, il se préparerait — sans rien enlever à sa valeur littéraire et à sa culture formelle — une culture de fonds, une avance scientifique et philosophique qui, tôt ou tard, se traduirait par des avantages matériels et moraux. Aussi y a-t-il là une question non seulement d' « humanités », mais d'humanité et de patriotisme ; et nous espérons qu'on ne fera point passer auparavant soit l'amour ou la haine du latin et du grec, soit les intérêts de parti en faveur des classiques ou en faveur des modernes. Ce serait là, nous ne craignons pas de le dire, un sentiment coupable. La situation matérielle, intellectuelle et morale de notre pays est grave : nous devons conserver tous nos avantages dans la rivalité des nations.

Voici donc, en somme, le programme que nous proposons :

Classes de huitième et de septième. — Langue latine 1 heure par semaine (déclinaisons et conjugaison très simples). Epitome.

Langue française, 7 heures et demie par semaine (au lieu de 9), le reste comme aujourd'hui. Langues vivantes, 4 heures ; histoire, 1 heure et demie ; géographie, 1 heure et demie ; sciences, 3 heures ; dessin, 1 heure.

Classe de sixième. — Actuellement, la langue latine a 10 heures, ce qui est exorbitant et produit tous les abus de la grammaire. Mettons trois classes de 2 heures, qui sont plus que suffisantes : sciences, 3 heures (au lieu de 2) ; français, 3 heures.

Le reste comme aujourd'hui : langues vivantes, 3 heures; histoire, 1 heure et demie, géographie 2 heures. — Interdiction absolue de toute philologie.

Cinquième. — Aujourd'hui le latin a 10 heures dans le premier trimestre, puis 8; le grec, 2 heures à partir du 1ᵉʳ janvier; les sciences, 2 heures et demie. Je propose : latin, 6 heures toute l'année (pas de philologie ni de grammaire savante, thèmes très simples. Versions, *De Viris* et *Selectæ*). Grec, 1 heure toute l'année. Français, 3 heures. Sciences, 4 heures et demie (au lieu de 1 heure et demie). Bonne culture arithmétique fondamentale. Le reste comme aujourd'hui : histoire, 1 heure et demie; géographie, 1 heure; langues vivantes, 1 heure et demie (conférence de 1 heure); dessin, 1 heure et demie.

Quatrième. — Latin, 4 heures; langue grecque, 1 heure au lieu de 6, qui représente du temps perdu en explications grammaticales. Sciences, 6 heures et demie (au lieu de 2 heures); français, 3 heures (au lieu de 2); langues vivantes, 2 heures; histoire, 2 heures; géographie, 1 heure.

Les 6 heures et demie de sciences assurent une excellente éducation géométrique.

Troisième. — Latin, 4 heures (au lieu de 5); grec, 1 heure (au lieu de 5); sciences, 7 heures (au lieu de 3), algèbre et géométrie. Langues vivantes, 2 heures; français, 2 heures; géographie, 1 heure et demie. Cours élémentaire et pratique de morale privée et sociale par une classe de 2 heures par quinzaine.

Seconde. — Latin, 4 heures au lieu de 5 (pas de prosodie, plus de thèmes; versions et explications; grec, 1 heure (au lieu de 5); sciences, 6 heures (au lieu de 3). On pourra, dès la seconde, établir quelques équivalences entre diverses sciences, selon la direction plutôt mathématique ou plutôt physique des élèves. Le reste comme aujourd'hui : français, 3 heures; langues vivantes, 2 heures et demie; histoire, 2 heures; géographie, 1 heure. Cours de morale privée et sociale, 2 heures par quinzaine.

Rhétorique. — Latin 3 heures au lieu de 4. Versions et explications; grec, 1 heure (au lieu de 4); sciences, 5 heures et demie; français,

4 heures; langues vivantes, 3 heures; histoire, 2 heures; géographie 1 heure. Cours de morale sociale et d'instruction civique, 2 heures tous les quinze jours.

Conférences supplémentaires de sciences pour certains élèves, qu'on pourrait même dispenser de l'heure de grec et de 1 heure de latin. Conférences supplémentaires de grec et de latin par d'autres élèves.

Ce programme maintient l'unité de l'enseignement sans bifurcation réelle. Il n'admet que quelques équivalences de sciences entre elles, quelques petites réductions de grec ou de latin. Il ramène le grec au strict nécessaire pour le grand nombre. Il fortifie le latin en le rapprochant des anciennes méthodes, en élaguant tout l'ennuyeux pour ne laisser que versions et explications, qui développent l'esprit littéraire et l'art d'écrire en français. Il proscrit absolument tout le fatras philologique, soit dans l'étude du latin, soit dans celui du français, qu'il borne aux trois grands siècles, sans abus d'histoire et de critique, avec beaucoup d'exercices et de compositions françaises. Enfin une place légitime est donnée à l'étude des questions morales et sociales. On n'y perd que la grammaire grecque, la philologie latine et la métrique! Tout homme de sens comprendra qu'en réalité on ne perd rien et qu'on gagne beaucoup, notamment une forte éducation scientifique fondamentale pour tous, et l'extension à tous des études philosophiques et morales.

Notre plan diffère, comme on le voit, de ceux qui ont été récemment proposés. On voudrait établir, nous dit-on, dans nos lycées, un enseignement moderne de quatre années, obligatoire pour tous et commun à tous les élèves. Puis, « dans trois ou quatre lycées de Paris et dans les lycées des villes d'université », on superposerait, « pour ceux qui le demanderaient (combien y en aurait-il?) l'enseignement du latin et aussi de la philosophie, des mathématiques élémentaires ou spéciales ». Selon M. Lemaitre, il serait encore « largement temps, pour un garçon de quinze à seize ans, bien doué et qui se sentirait le goût de la littérature, de commencer le latin à ce moment-là ». Les jeunes gens « mettraient les morceaux doubles sans nulle fatigue ».

Nous ne saurions nous rallier à ce plan, pour diverses raisons dont voici les principales. S'il faut aller à Paris ou dans les grandes villes comme interne pour y recevoir *in extremis* l'éducation classique, une foule de parents ne pourront ou ne voudront pas y envoyer leurs enfants. Pour ma part, dans ces conditions, je n'aurais jamais fait mes études et ma carrière eût été manquée.

En voulant réserver les études libérales pour une petite élite, on n'aboutirait en réalité, par l'insuffisance de la base, qu'à la suppression de toute élite au sommet. Donner à tous les Français, pendant quelques années, une même éducation primaire supérieure, puis, vers l'âge de quinze ans, spécialiser les uns dans les langues anciennes, d'autres dans les langues modernes et les sciences, ce serait changer les langues anciennes en exercice de mémoire et de bourrage rapide « avec morceaux doubles », ce serait leur enlever leur vertu éducative, qui ne résulte que d'une lente imprégnation, d'une gymnastique progressive, d'une initiation graduelle au français par le latin, dont relèvent notre langue et notre littérature; ce serait enfin substituer une sorte d'instruction de métier à l'éducation vraiment libérale. Ce serait, du même coup, prendre l'opposé de la vraie méthode « sélective », qui est de soumettre à la haute culture un plus grand nombre d'esprits qu'il n'est nécessaire, afin de trier peu à peu les plus aptes et de faire surgir les meilleurs.

Nos grands lycées ont déjà trop d'élèves, et l'on veut y envoyer encore les provinciaux désireux de grec et de latin! On espère sans doute qu'il y en aura peu; mais, si peu qu'ils soient, ils seront encore assez nombreux pour encombrer les grands lycées. D'autres élèves se précipiteront vers les établissements libres, petits séminaires, collèges de jésuites, etc., qui ne manqueront pas de mettre à profit les sottises de nos soi-disant réformateurs et d'attirer en grande partie à eux l'ancienne clientèle des petits lycées ou collèges, devenus de simples boutiques à industrie et à commerce.

Sous prétexte de tout démocratiser, on aboutira à créer une aristocratie d'élèves latinistes et hellénistes, d'autant plus séparés des autres qu'ils se sauront moins nombreux et qu'on les aura officiellement érigés en élite supérieure. Les élèves des grands lycées de Paris se croiront des demi-dieux. D'autre part, l'instinct égalitaire du Français protestera jalousement, et l'on aura agrandi encore l'abîme entre les diverses classes.

— C'est dans l'intérêt des études classiques, disent ses plus notoires adversaires, que nous voulons les alléger de leur poids mort, — c'est-à-dire de presque tous leurs élèves, — les concentrer dans les grands lycées, — où elles achèveront de languir, — les fortifier en revenant aux vers latins et en introduisant même les vers grecs! sans compter la prononciation moderne du grec! — *Timeo Danaos et dona ferentes.* Ces « vers grecs » n'auraient-ils point pour but de rendre les études classiques encore plus « surannées », encore plus « impossibles »?

Dans le plan de M. Jules Lemaître, la philosophie serait réservée, comme le latin, à un tout petit nombre d'élèves; les autres ne recevraient, en somme, qu'une bonne éducation primaire, comme M. Lemaître en convient. Et ils auraient cependant, tout comme les élèves de latin et de philosophie, l'accès des grandes écoles, même de la médecine et du droit! En quatre ans, ils obtiendraient ce que les autres obtiennent en sept et seraient déclarés leurs égaux! Une telle iniquité ne manquerait pas d'enlever aux derniers lycées classiques, *rari nantes*, presque toute leur clientèle, puisqu'il n'y aurait plus aucun avantage tangible à faire des études complètes. Le résultat final serait l'extinction des études classiques par anémie, impuissance et stérilité. Et pourquoi? Aurait-on diminué le nombre des fonctionnaires, des médecins, des avocats? Au contraire, le premier venu pourrait se présenter aux Facultés, ce qui produirait un encombrement de plus en plus considérable. Ainsi, on aurait tué les études libérales sans faire vivre les études scientifiques, industrielles, commerciales et agricoles.

« Pour que le médecin, dit M. Lemaître, connaisse la terminologie de son art, il lui suffit d'apprendre un vocabulaire de deux ou trois cents mots latins ou grecs. Le lexique indispensable à l'avocat est moindre encore. » — Nous ne saurions accorder qu'un tel problème se ramène à une question de vocabulaire. Il y a des professions qui sont de vraies missions sociales et non pas seulement des gagne-pain personnels; dès qu'elles se font métiers, — nous n'en voyons que trop d'exemples, — elles deviennent des métiers dangereux. La société doit donc exiger la plus haute éducation possible et la plus désintéressée, — non pour des raisons techniques ou lexicologiques, — mais dans un intérêt *national* et *social*. L'argumentation du spirituel académicien n'irait à rien moins qu'à ouvrir au premier venu les Écoles de Médecine et de Droit pour y recevoir, à ses risques et périls, l'instruction technique.

Par une réaction qui nous semble exagérée, beaucoup d'esprits libéraux croient aujourd'hui devoir rabaisser les professions libérales, et ils prétendent que le commerce les vaut. Et certes au point de vue moral, un commerçant honnête vaut un magistrat honnête; mais, au point de vue social, on ne saurait cependant dire qu'une boutique soit égale à un tribunal ou à un laboratoire de savant. Dans ce qu'on appelle l'organisme social, la nécessité de toutes les fonctions, — même des plus humbles, — n'empêche ni leur hiérarchie, ni la supériorité des fonctions intellectuelles et morales, pas plus que l'absolue nécessité de l'estomac n'en fait l'égal du cerveau.

Nous sommes des premiers à déplorer le culte excessif des professions libérales et du fonctionnarisme qui, trop souvent, en est la conséquence; mais est-ce une raison pour proclamer « le règne définitif de l'industrie et du commerce » ? Ce règne n'est même pas reconnu par les « Anglo-Saxons », compatriotes de Shakespeare, de Locke et de Darwin, encore moins par les Germains, compatriotes de Gœthe et de Kant; pourquoi serait-il célébré par les compatriotes de Corneille, de Pascal et de Descartes?

Mieux vaut, ainsi que nous l'avons proposé, maintenir le latin comme base universelle de l'enseignement secondaire libéral, mais donner aux sciences, aux langues vivantes, aux études morales, sociales, philosophiques, une place plus grande. De cette façon, les enfants seront aptes aussi bien aux carrières scientifiques et industrielles que littéraires ou *invicem*, et ils pourront, au moyen de quelques variantes dans les dernières années, se préparer plus spécialement aux unes sans devenir étrangers aux autres. Quant à ceux qui n'ont pas le temps ou les moyens de faire des études complètes, ils auront à leur disposition l'enseignement pratique de quatre ans; mais cet enseignement devra se développer à côté de l'autre et non à la base de l'autre, qu'il ruinerait au lieu de le soutenir.

Tandis que quelques esprits sincères, comme M. Jules Lemaître, croient rendre service par leurs projets aux études classiques, d'autres viennent derrière eux, et ils sont légion, qui ne méditent rien moins, malgré leurs belles paroles, que la disparition finale de ces études, la mort « *avec phrases* ». Prenons-y garde et, tout en nous efforçant en France d'atteindre ce que nous ne tenons pas encore, ne lâchons point ce que nous tenons. Pays de population stationnaire, qu'il est bien difficile de faire déborder dans des contrées lointaines, n'abandonnons pas la proie pour l'ombre, la réalité de notre influence intellectuelle pour le rêve de notre expansion coloniale.

CHAPITRE IV

Nécessité universelle des études philosophiques, morales et sociales.

Une réforme dernière, couronnement des précédentes, c'est de rendre la classe de philosophie obligatoire pour tous les élèves, quels qu'ils soient, plus encore pour ceux qui se destinent aux carrières scientifiques et aux grandes Écoles. « Sans une philosophie, a dit Taine, le savant n'est qu'un manœuvre, comme l'artiste n'est qu'un amuseur. »

Est-il des jeunes gens auxquels il soit inutile de fournir des principes, de donner des notions précises, par exemple, sur la constitution de la famille, sur la vraie nature du mariage, sur la question de savoir s'il n'est qu'un simple contrat entre individus analogue aux autres, ou s'il a une valeur morale et une valeur sociale, fondement de son caractère sacré? Est-il aussi des jeunes gens auxquels il soit superflu de fournir des notions sur la base légitime de la propriété, sur la nature et les attributions de l'État, sur le sens vrai et le sens faux de la souveraineté nationale, etc.? Ou s'imagine-t-on que, sur tous ces points, philosophes et moralistes n'aient rien à dire qui puisse obtenir l'assentiment des consciences? La vérité est que nous ne *savons* pas la morale, ce qui nous excuse en partie de la si mal *pratiquer*.

Mais, dans le cours de philosophie, il faut proscrire, comme ailleurs, l'abus de l'érudition, de l'histoire, des études trop spéciales.

Six heures par semaine seront consacrées, pour tous les élèves, à l'étude de la psychologie, de la morale, à la philosophie de la nature et de l'esprit, enfin à la dissertation française. La division des lettres aura en plus une classe supplémentaire pour la logique, l'esthétique, l'histoire de la philosophie et les auteurs philosophiques.

Nous avons, à plusieurs reprises, proposé un programme de philosophie obligatoire pour tous qui nous semble faire aux divers problèmes leur part relative. Qu'on nous permette de le reproduire ici ; on verra combien les questions qu'il indique sont nécessaires dans tous les examens, quels qu'ils soient, et comment une composition de philosophie sur l'une de ces questions est indispensable encore plus aux élèves scientifiques qu'aux littéraires.

INTRODUCTION

1. La science, les sciences, la philosophie; son importance spéculative, morale, sociale. — Son caractère progressif et sa pérennité.

PSYCHOLOGIE.

2. Objet de la psychologie. Caractères propres des faits qu'elle étudie. Différence des faits psychologiques et des faits physiologiques. Impossibilité d'absorber la psychologie dans la physiologie.

Valeur morale et pédagogique des études psychologiques. Leur nécessité pour les études médicales, juridiques, politiques et sociales. Leur nécessité pour la littérature, la vraie éloquence, etc.

3. Méthode de la psychologie : méthode subjective, la réflexion; méthode objective, les langues, l'histoire, etc. De l'expérimentation en psychologie. — Progrès incessant des études psychologiques et de leurs méthodes. — La pratique de la réflexion, nécessaire à tous.

4. Classification des faits psychologiques : sensibilité, intelligence, volonté. Part de chacune dans le caractère. Importance de la volonté dans le caractère individuel et national.

5. Sensibilité. — Le plaisir et la douleur, sensations, sentiments. — Les inclinations. — Les passions. — Conséquences morales et pédagogiques. Conséquences sociales. Les passions collectives.

6. Intelligence. — Acquisition, conservation, élaboration de la connaissance. — Les données de l'expérience et l'activité de l'esprit. Les sens.

7. La conscience.

8. La mémoire. L'association. Application à l'éducation intellectuelle.

9. L'imagination. — Moyens de la cultiver. Ses avantages et ses inconvénients.

10. L'abstraction et la généralisation. — Le jugement. — Applications pédagogiques.

11. Le raisonnement. — Déduction, induction, analogie. Leur rôle dans les sciences.

12. La volonté. — Instinct, liberté, habitude. — L'hérédité. — Limites de l'hérédité; puissance de l'éducation, des idées et des sentiments. — Applications pédagogiques et sociales.

13. L'expression des faits psychologiques : les signes et le langage.

14. Les rapports du physique et du moral. Le sommeil, les rêves, le somnambulisme, l'hypnotisme, l'hallucination, la folie.

15. Notions très sommaires de *psychologie comparée*; l'homme et l'animal. — La psychologie des nations, des foules, etc.

MORALE ET SOCIOLOGIE.

16. Principes de la morale. — La conscience, le bien, le devoir.

17. Examen des doctrines utilitaires. — Ce que toute science des mœurs peut leur emprunter.

Raisons scientifiques qui démontrent l'accord de la moralité avec l'utilité sociale et par cela même, dans une large mesure, avec l'utilité individuelle.

18. Examen des doctrines évolutionnistes. Ce que toute science des mœurs peut leur emprunter. Raisons scientifiques qui démontrent que la moralité réalise les conditions de la vie la plus intense et la plus expansive pour l'individu et pour la société. Réfutation du scepticisme moral. Grands points où les divers systèmes de morale finissent par s'accorder.

19. *La patrie, la nation.* — La sociologie. — Qu'est-ce qu'une société? Qu'est-ce qu'une nation? N'est-ce qu'un ensemble d'individus? Ce qu'il y a de vrai et de faux dans la théorie du contrat social et dans la théorie de l'organisme social. Solidarité des générations.

L'esprit national; ce qui le constitue. La France.

20. *L'homme privé.* — Ce qu'il doit être dans l'intérêt même de la patrie.

Les vertus privées, nécessaires au citoyen : véracité, courage, travail, tempérance, etc.

Effets sociaux des vices privés; leurs conséquences pour la nation entière.

21. *La famille.* — Sa nécessité pour la patrie : sa fonction essentielle dans l'organisme national. Sa constitution morale et civique. L'esprit de famille; ses qualités et ses défauts en France. L'autorité dans la famille. Les devoirs de famille.

22. *L'école et le collège.* — Leur place dans la patrie. Apprentissage des vertus civiques et militaires. — La paresse, ingratitude envers la patrie, est un déshonneur. — Les études classiques : leur caractère national et patriotique. Grandeur littéraire et scientifique de la France; son ascendant intellectuel à maintenir.

23. *Rapports des citoyens entre eux.* — Devoirs et droits mutuels. Respect de la personne humaine et de la patrie commune dans les autres hommes. L'esclavage, le servage. Rôle de la France dans leur abolition.

24. Respect de nos concitoyens dans leur honneur. La diffamation et la calomnie. Des excès de la presse.

Respect de nos concitoyens dans leurs croyances

et dans leurs opinions. Tolérance religieuse, philosophique, politique. Fanatisme religieux et anti-religieux; fanatisme politique et haine mutuelle des partis; leurs dangers au point de vue patriotique. La France doit être unie.

25. Respect de la personne humaine dans ses biens. Principe de la propriété. Sa nécessité au point de vue social, national et international. La propriété en France.

26. Examen des principaux systèmes socialistes. Socialisme matérialiste et socialisme idéaliste.

27. La justice et la fraternité. Formes diverses de la charité. Le dévouement.

28. L'État et les lois. — Fondements de l'autorité publique. L'État français. Sens vrai et sens faux de la souveraineté nationale.

Le gouvernement. Ses diverses formes; leurs avantages et leurs dangers. Qualités et défauts des Français au point de vue politique. L'instabilité politique et ses périls. L'esprit révolutionnaire.

29. L'armée, le soldat. Le service obligatoire;

la discipline militaire en France. Nos qualités et nos défauts dans la victoire et dans la défaite.

30. Devoirs du citoyen envers l'État. Obéissance aux lois; impôts, vote, etc.

Droits du citoyen. Liberté individuelle, liberté de conscience, liberté du travail, liberté d'association.

31. Devoirs et droits des gouvernements. Dangers de l'autoritarisme et dangers de l'anarchie La vraie et la fausse liberté.

La vraie et la fausse égalité. Avantages et abus de l'esprit égalitaire en France.

32. *Les rapports des nations entre elles.* — Devoirs et droits internationaux. Solidarité internationale. Nécessité de toujours considérer toute question à un point de vue international.

33. *L'humanité.* L'amour de l'humanité et sa conciliation avec l'amour de la patrie. Le vrai et le faux patriotisme; le vrai et le faux humanitarisme.

L'univers. — La patrie universelle. La sympathie universelle. L'amour de la nature. Nos devoirs envers les êtres inférieurs. L'homme, citoyen du monde.

34. Les *sanctions* de la morale. Sanctions de la conscience. Sanctions sociales; fondement de la pénalité : que ce fondement sociologique est indépendant des théories métaphysiques sur la responsabilité absolue. Réfutation des sophismes courants sur les crimes passionnels, la « force irrésistible », l'identification du crime avec la folie ou la dégénérescence congénitale, etc.

35. Croyances relatives à une sanction suprême.

La société idéale des esprits. Le « règne des fins » de Kant. Rôle de ces croyances au point de vue de la moralité privée et publique.

Respect dû par l'État et par les individus à ces croyances, sous leurs diverses formes : religion naturelle ou morale (Kant), religions positives; leur importance sociologique.

PHILOSOPHIE GÉNÉRALE.

I. — *Critique de la connaissance.*

36. Origine de la connaissance. — Principes directeurs de la connaissance. — Peut-on les

expliquer entièrement par l'expérience, l'association ou l'hérédité ?

37. Valeur de la connaissance. — Dogmatisme, scepticisme; criticisme de Kant.

38. Limites de la connaissance. — Examen des diverses théories sur ce sujet. — La philosophie critique de Kant. — Le positivisme de Comte. — L'inconnaissable de Spencer. — Modestie du savant.

II. — *Philosophie de la nature et cosmologie.*

39. De la nature en général. — Diverses conceptions sur la matière et sur la vie.

40. Grandes hypothèses auxquelles aboutissent les sciences de la nature. — Insuffisance de ces hypothèses pour résoudre l'énigme de l'existence.

III. — *Philosophie de l'esprit.*

41. Matérialisme, spiritualisme, idéalisme.
42. Les croyances religieuses. — Exposer les diverses raisons de l'ordre spéculatif et de l'ordre

moral sur lesquelles s'est appuyée, quelle qu'en fût la forme, toute croyance en Dieu.

43. Le problème du mal. — Optimisme et pessimisme. — Exposer les diverses raisons morales sur lesquelles s'est appuyée, quelle qu'en fût la forme, toute croyance à un triomphe final du bien dans l'univers.

44. Exposer les diverses raisons de l'ordre spéculatif et de l'ordre moral sur lesquelles s'est appuyée, quelle qu'en fût la forme, toute croyance à l'immortalité.

45. Conclusion. — Progrès de la philosophie dans ses diverses parties, depuis l'antiquité jusqu'à nos jours. Avenir de la philosophie. Immoralité et danger social de l'indifférence en matière de philosophie.

Toutes les prétendues réformes universitaires de ces dernières années se sont faites dans un sens contraire aux idées des philosophes, qui tous en vain protestaient dans leurs livres sur l'enseignement, depuis Bersot et Jules Simon jusqu'à celui qui a écrit l'*Enseignement au point de vue national*. Bien plus, ces réformes se sont faites aux dépens de la classe de philosophie, dont on a diminué les élèves en établissant la bifurcation juste avant la classe la plus capitale de toutes, en dispensant les élèves de droit du baccalauréat de philosophie, en ouvrant les grandes Écoles à des « modernes » sans études philosophiques sérieuses, en proposant de reléguer la philosophie dans les « universités » pour contribuer ainsi à les peupler quand même. Les philologues, les moyen-âgistes et les rhéteurs ont attaqué l'enseignement de la philosophie dans les journaux et revues, en se plaignant, chose étrange, de ce que les élèves s'intéressaient trop à la philosophie. Et le résultat a été, malgré tout, que les classes de philosophie sont aujourd'hui presque seules vivantes, tandis que le grec est mort et que le latin, grâce aux méthodes des antiphilosophes, est agonisant. L'expérience est-elle assez démonstrative? Continuera-t-on d'orienter les études à l'opposé de leur vraie direction, qui est morale et sociologique, en même temps que scientifique et largement littéraire? Répandez chez tous les professeurs l'esprit philosophique, vous donnerez à l'enseignement sa vraie unité; parquez chacun dans sa spécialité, le grammairien dans sa linguistique, l'historien dans sa chronologie, le littérateur dans sa critique critiquante, et vous continuerez de favoriser l'anarchie intellectuelle, premier degré de l'anarchie morale et sociale. Nous avons assez de petits « gendelettres », de petits critiques, de journalistes, de reviewistes, de dilettantes parisiens; n'en fabriquons pas dès le lycée. L'avenir de notre pays dépendra 1° de sa culture philosophique et sociale, 2° de sa culture scientifique : ce sont là, aujourd'hui, les deux grands moyens de concours entre nations. Là où est la vie, là seulement est l'avenir. Si notre population en France ne s'étend pas, au moins que la culture des esprits y soit intensive, non extensive, afin que nos ressources limitées produisent le maximum d'effet. Ce n'est certes pas le grec et la philologie qui y atteindront. On n'a pas encore essayé une réforme philosophique des études : il est grand temps d'y recourir, puisque tout le reste a échoué.

Pour les élèves qui se destinent aux carrières scientifiques, l'étude des sciences, qui est une logique en action, n'a pas absolument besoin d'être complétée par la logique formelle, sorte d'anatomie des méthodes scientifiques; au contraire, elle a absolument besoin d'être complétée par la psychologie, par la morale, par la philosophie générale de la nature et de l'esprit.

Quant aux élèves de la division littéraire, ils auront un cours complémentaire de philosophie.

PROGRAMME COMPLÉMENTAIRE DE PHILOSOPHIE POUR LA DIVISION LITTÉRAIRE

I. — *Principes de l'esthétique.*

1. Le beau. Le sublime, la grâce, le ridicule.

2. L'art. L'expression, l'imitation, la fiction, l'idéal. — Réalisme et idéalisme, part de vérité qu'ils contiennent.

3. Les différents arts. Architecture, sculpture, peinture, musique.

4. La poésie.

II. — *Logique.*

5. *Logique formelle.* — Des termes. — Des propositions. — Des différentes formes du raisonnement.

6. *Logique appliquée.* — Méthode des sciences exactes : axiomes; définitions; démonstrations.

7. Méthode des sciences physiques et naturelles : observation, expérimentation; hypothèse, induction. — Classification, analogie, définitions empiriques.

8. De la méthode dans les sciences morales. — Le témoignage des hommes; la méthode historique.

9. Des erreurs et des sophismes.

III. — *Sociologie.*

10. Définition et objet de la sociologie, ses subdivisions.

11. Sociologie juridique et criminelle.

12. Sociologie économique.

13. Notions générales d'économie politique : production

14. Distribution des richesses.

15. Consommation.

IV. — *Notions sommaires sur les principales doctrines philosophiques.*

16. Socrate, Platon.

17. Aristote.
18. Épicurisme et stoïcisme.
19. Bacon, Descartes.
20. Locke, Spinoza, Leibniz.
21. Kant.

V. — *Auteurs philosophiques*

Descartes : *Discours de la méthode* ; les *Méditations*.

Leibniz : *Nouveaux Essais*, livre I ; la *Théodicée* (Extraits) ; la *Monadologie*.

Montesquieu : *Esprit des lois*, livre I.

J.-J. Rousseau : *Contrat social*, livres I et II.

Auguste Comte : *Cours de philosophie positive*, 1re et 2e leçons.

Kant : *Fondements de la métaphysique des mœurs*.

Le grand reproche fait aux études classiques, c'est de ne pas réconcilier avec les besognes de la vie ceux qui ont « leur vie à faire ou, comme on dit, à gagner » ; on les trouve trop littéraires, trop détachées de l'action, trop occupées de l'art pour l'art. En admettant qu'il y ait du vrai dans ce reproche, en quoi l'enseignement moderne y échappe-t-il mieux? Est-ce en faisant un cours d'histoire de l'art? est-ce en faisant ânonner Shakespeare ou Gœthe? Est-ce en étudiant les « doublets » de la langue française et le style de la *Chanson de Roland*? Est-ce en lisant une traduction de Sophocle ou de Virgile? En un mot, est-ce en se faisant le Sosie du classique? Qui donc veut-on tromper ici?

Selon nous, l'orientation philosophique et sociologique est le vrai correctif de ce qu'il peut y avoir, dans les études classiques et même modernes (telles qu'on les entend aujourd'hui), de trop purement spéculatif, de trop artiste, de trop dilettante, en un mot, de trop étranger aux conditions de la vie réelle. Le manque d'appropriation du milieu scolaire à la condition future d'un bon nombre d'élèves peut avoir ses dangers; si un jeune homme de famille plutôt humble respire une atmosphère d'élégance trop raffinée, de littérature trop exclusivement littéraire, de science trop exclusivement théorique, il pourra remporter de là une sorte de désharmonie avec le genre de vie que les circonstances doivent lui imposer? Pour éviter cet inconvénient, il faut d'abord offrir aux familles peu aisées un enseignement plus court et plus pratique qui n'ait nullement les mêmes débouchés que le classique; puis, dans l'enseignement classique lui-même, il faut introduire des études qui soient à la fois capables de moraliser l'esprit et de le préparer à la vie réelle : or ce sont, encore une fois, les études philosophiques, sociologiques et économiques. Ces études ont l'avantage de ne plus laisser les enfants au milieu des Grecs ou des Romains, au milieu même des Français du xviie siècle, et de les faire vivre dans le xixe ou le xxe. En outre, la sociologie économique est ce qu'il y a de plus propre à faire comprendre l'importance et la dignité des professions industrielles, commerciales, agricoles et coloniales. En étudiant les sources de la richesse, en les envisageant d'une manière philosophique et sociologique, on sent mieux la nécessité simultanée des occupations matérielles et des occupations spirituelles; et l'on ne va pas, comme certains journalistes ou économistes amateurs, jusqu'à traiter ces dernières, par réaction aveugle, d' « improductives », comme si l'estomac reprochait au cerveau de ne pas produire du sang et même d'en dépenser d'une manière plus active que tout le reste du corps!

CHAPITRE V

**Réforme de l'enseignement moderne ;
sa transformation en enseignement pratique.**

Au-dessous de l'enseignement classique fortifié, débarrassé de l'inutile, varié, adapté aux seuls vrais besoins du temps, il faut fortifier aussi les études scientifiques pratiques, industrielles et commerciales, mais en les appelant par leur nom et en les présentant comme telles, non comme une contrefaçon à bon marché de l'éducation classique et comme un nouveau moyen de chasse au baccalauréat.

Quelle était la pensée de V. Duruy en organisant, de 1863 à 1865, l' « enseignement spécial pour l'industrie, le commerce et l'agriculture ? » Beaucoup d'enfants souffraient de ne pouvoir continuer leurs études au delà des écoles primaires; tous ceux que le travail de la terre ou l'apprentissage ne réclamait pas dès l'âge de 12 à 13 ans avaient besoin de classes complémentaires pour développer leur instruction. Ouvertement dirigé en vue des carrières industrielles, commerciales et agricoles, l'enseignement spécial attira les enfants sortant des écoles primaires. Ils vinrent bientôt, en assez grand nombre, suivre les cours pendant deux ou trois ans. L'enseignement spécial, en effet, avait à la fin de la troisième année un examen qui terminait le premier cycle d'études. Les familles auxquelles l'enseignement primaire supérieur paraissait encore trop primaire, et qui souhaitaient pour leurs enfants un enseignement intermédiaire entre le primaire et le secondaire, confiaient ceux-ci à l'enseignement spécial jusqu'en troisième année. Elles en retiraient de réels avantages, tandis qu'aujourd'hui l'enseignement moderne n'offre, avant la dernière année, rien de précis ni de complet.

C'est à peine si, dans l'enseignement spécial, 5 pour 100 de ceux qui avaient suivi les cours des trois premières années continuaient à suivre celui de la quatrième et de la cinquième année. C'était là, comme on l'a remarqué, une précieuse indication, dont il aurait fallu tenir compte[1]. Loin de là, l'ambition de l'enseignement spécial fut bientôt de *rivaliser* avec le *classique*. Perdant de vue les besoins auxquels il devait satisfaire, il se gratifia, lui aussi, de programmes encyclopédiques et se répartit en six années d'études, alors qu'il avait peine à trouver des élèves pour trois ou quatre ans. De là à vouloir soutirer les élèves de l'enseignement classique et, par conséquent, à vouloir préparer aux carrières non industrielles, non commerciales et même non scientifiques, il n'y avait qu'un pas.

Ce pas fut franchi par la désastreuse transformation en un « enseignement moderne », rival avoué et de plus en plus envieux de l'enseignement classique. On continua d'avoir à la bouche les « besoins modernes », mais sans rien faire de particulier pour eux; on exploita la nouvelle enseigne sans donner une éducation plus pratique

1. P. Clairin. *Un peu de vérité sur l'enseignement secondaire.*

que l'autre. On fit même, pour éblouir les professeurs, une place à part non seulement à la philologie, dont nous avons parlé, mais encore à une étude qui, dans l'enseignement classique, se trouvait mêlée à l'histoire générale et à la littérature : on introduisit le cours sur *l'histoire de l'art*. Cours aussi utile sous cette forme, a-t-on dit, pour le développement des facultés esthétiques, que l'enseignement donné par les cicerones de l'agence Cook aux touristes qu'ils conduisent dans les musées. En même temps, on parodia les études latines et grecques, en faisant étudier les auteurs latins et grecs dans des traductions. Un professeur « moderne » nous révèle naïvement que « l'examen d'*Antigone* demande une demi-heure » et que « l'*Iliade* prend un peu plus de temps » ! L'intention d'établir un jour « concurrence » à l'entrée des carrières libérales était ici manifeste; mais, encore un coup, est-ce *Antigone* ou l'*Iliade* qui, jointe à *Hamlet* ou à *Guillaume Tell*, fera des industriels ou des commerçants ?

Tel que l'ont conçu ses fondateurs, l'enseignement moderne n'est qu'un système de drainage qui, si on le laisse se développer dans son sens, dirigera la sève de la nation agricole et commerçante juste à l'opposé de l'agriculture et du commerce, vers les diplômes et vers les emplois du gouvernement.

L'enseignement moderne a copié jusqu'aux noms des classes classiques : sixième, cinquième, etc. Au baccalauréat, mêmes sujets, bien souvent, que pour le baccalauréat ès lettres : « comparer l'*Énéide* et l'*Iliade* », « comparer Térence et Molière », « parallèle d'Euripide et de Racine », etc. Où sont, dans tout cela, les industries, les usines, les ateliers, l'agriculture, le commerce et les fameuses « colonies »? Ce n'est assurément pas à la Tunisie ou au Tonkin que l'on songe, mais à tel ministère parisien, à telle administration, avec, en perspective, l'École de droit ouverte, l'École de médecine ouverte!

Si on a créé la classe de Première-lettres dans l'enseignement moderne, c'était avec l'espoir de faire concurrence à la rhétorique et à la philosophie classiques, qu'elle remplace toutes les deux en un an ! Cette classe de Première-lettres a cependant si peu réussi qu'elle ne peut même pas réunir, pour toute la France, autant d'élèves qu'il y a d'établissements donnant l'enseignement moderne. Et c'est pour la peupler qu'on voudrait aujourd'hui y attirer artificiellement les futurs médecins et les futurs avocats, le tout aux dépens de l'enseignement classique. Tel est le secret de la blâmable comédie que jouent les partisans de l'extension des « droits » de l'enseignement moderne. Ils font sonner bien haut ce principe : — Trop de candidats fonctionnaires, trop de prétendants aux carrières libérales, trop de médecins et surtout trop d'avocats ! — Et ils aboutissent triomphalement à cette conséquence : — Ouvrez-nous donc toutes les administrations, toutes les écoles, toutes les carrières libérales, toutes les cliniques et tous les prétoires !... C'est, ajoutent-ils tout bas, le seul salut de l'enseignement moderne, qui sans cela végète. — Avouez donc que vous vous êtes trompé dans l'organisation de cet enseignement, et que, pour ceux qui ont quelque bon sens, ce prétendu

« salut » réclamé par vous est la condamnation de toute votre œuvre.

Les hommes compétents dans les questions coloniales disent que le jeune homme qui se destine aux colonies doit être libre vers la quinzième année, qu'il doit avoir reçu une éducation générale d'ordre essentiellement pratique, sans visées de haute littérature[1]. Ce n'est donc pas avec l'enseignement moderne actuel que vous formerez de futurs colons. La preuve en est dans l'ambition de fonctionnarisme et de professions libérales qui caractérise les élèves de cet enseignement et les change en rivaux d'ordre inférieur pour les classiques.

Tout ce qu'on aura la faiblesse de concéder, au point de vue des sanctions, au baccalauréat moderne, sera un jour réclamé de même pour les diplômes primaires. Le 10 janvier dernier, dans l'*Union pédagogique*, dirigée par un membre du Conseil supérieur, paraissait un article d'un membre du Conseil départemental du Cantal, où l'on

---

1. Chailley-Bert. *L'Éducation et les colonies* (Armand Colin et Cie).

lisait : « Le Conseil départemental du Cantal vient d'émettre le vœu qu'il soit reconnu au brevet supérieur les droits conférés aux baccalauréats de l'enseignement moderne, y compris les droits nouveaux que le projet de loi déposé par M. Combes, le 4 février 1896, accordait à ces derniers diplômes.... L'administration centrale dans la plupart des ministères, les Écoles vétérinaires d'Alfort, de Lyon et de Toulouse, la section française de l'École coloniale, l'École navale de Brest, Saint-Cyr, Polytechnique, Normale Supérieure pour la partie des sciences, les licences ès lettres et ès sciences, le droit et la médecine, deviendraient ainsi accessibles aux élèves de l'enseignement primaire, le jour où ce vœu serait traduit en article de loi.... C'est au nom du *droit de tous au travail*, au nom d'un *droit individuel évident*, que nous désirons la destruction des barrières *artificielles* et *arbitraires* qui se dressent encore devant l'intelligence des *humbles*. »

On voit ici à nu les raisonnements de ceux qui proposent les prétendues « mesures démocratiques ». En vertu du droit « individuel » et du

« droit au travail », que ne demande-t-on l'accès de toutes les carrières pour tous les « humbles d'esprit » et pour tous les ignorants, même pour ceux qui n'ont pas le brevet primaire? La logique veut qu'on ne s'arrête pas en si beau chemin et que la France entière suive le Cantal.

Par une de ces antinomies qui font l'essence même de l'Enseignement moderne, on a bien donné aux études premières des élèves une direction plus scientifique que littéraire, ce qui était logique, mais, à la première étape des examens, — admissibilité au baccalauréat, — les connaissances scientifiques n'étaient plus prises en considération. Examinez la première partie du baccalauréat de l'enseignement moderne, la part des sciences dans les épreuves écrites d'admissibilité est *néant*, tout comme dans l'enseignement classique. Tant il est vrai que l'enseignement moderne apporte du nouveau! Pour les épreuves écrites et orales d'admission définitive, le baccalauréat classique donne aux sciences 20 pour 100, le moderne 25 pour 100. Ce *cinq pour cent* représente la grande contribution à la régénération moderne. Au contraire, l'ancien baccalauréat de l'enseignement spécial donnait aux sciences, pour l'admissibilité, 40 pour 100 et pour l'admission 46 ; l'ancien baccalauréat ès sciences leur donnait 66 et 55 pour 100. Il y avait là des « raisons d'être » ; quelles sont-elles pour l'enseignement moderne, sinon d'étrangler le classique? Les sciences, non moins que les lettres, non moins que la philosophie (atteinte par la bifurcation finale), ont été ainsi victimes d'une véritable trahison. Et voilà comment, par ces belles réformes, on a répondu aux « nécessités scientifiques de notre époque » !

Avons-nous au moins, dans cet enseignement, la compensation d'une plus grande valeur littéraire? Demandez-le à tous les juges des examens, qui, quand ils ne sont pas atteints d'optimisme et de cécité officielle, déplorent la descente graduelle des élèves, l'incorrection grammaticale, l'incohérence logique de leurs compositions françaises. Étrange calcul que de supposer qu'en abaissant les niveaux des études et en ouvrant les portes toutes grandes à la foule, on va élever les esprits à leur « fonction moderne ».

Pour nos colonies sans colons, on réclamait des colonisateurs sachant parler les langues étrangères; y est-on parvenu en vulgarisant un second enseignement préparatoire aux fonctions publiques? Les journaux livrés aux « modernes » — ils sont nombreux — ont beaucoup parlé de ces besoins coloniaux; mais, là encore, c'était pour la montre. Il faut d'ailleurs éviter de se faire illusion à ce sujet. L'Angleterre, qui, depuis dix ans, a augmenté sa population de 320000 âmes par an, a 326 habitants par mille carré; l'Allemagne, qui a augmenté de près d'un million d'âmes par an, a 265 habitants par mille carré; l'Italie, qui a augmenté de 300000 par an, a 280 habitants par mille carré; la France, restée stationnaire, n'a que 188 habitants par mille carré. Voilà l'explication du mouvement colonial en Allemagne, en Italie, en Angleterre, et de la stagnation en France. Le temps n'est plus où M. de Bismarck disait : l'Allemagne n'a pas besoin de colonies; de nos jours elle déborde jusqu'en

Chine. Tant que notre population française n'augmentera pas, — ayant d'ailleurs à sa porte Algérie et Tunisie, — nous ne serons pas vraiment colonisateurs. De plus, nos émigrants (comme ceux d'Italie) continueront de préférer les pays où ils ne sont pas astreints au service militaire, République Argentine, Brésil, Afrique du Sud, etc. Notre mode d'instruction, notre connaissance ou notre ignorance des langues étrangères et surtout des « littératures » étrangères, de Milton ou de Lessing, sont pour peu de chose dans ces résultats. Quand nous aurons au moins 230 habitants par mille carré, point à partir duquel, dans tous les pays, l'émigration se manifeste, — que nous soyons par ailleurs classiques ou modernes, — il y aura émigration. L'Italien n'est pas plus docte que nous en langues étrangères ; il n'en émigre pas moins. Les intérêts coloniaux invoqués en faveur de l'enseignement moderne étaient donc un leurre. En tout cas, s'ils existent, ils ne créent pas le plus petit droit d'équivalence avec l'enseignement classique ; tout au contraire, ils imposent une direction absolument différente.

Nos réformateurs croient avancer beaucoup la besogne en répétant : soyez énergiques, soyez virils, soyez commerçants, voyagez à l'étranger (ce qui suppose qu'on en a les moyens), soyez colons, bravez la fièvre et le climat tropical de presque toutes nos colonies; allez à Madagascar, c'est la vraie France! Et ils croient qu'il suffit de remplacer le latin par la lecture de Tennyson ou celle de Heine, et d'augmenter la dose de mathématiques ou de chimie, pour faire des « énergiques », de vrais « modernes », des Anglo-Saxons aventureux et entreprenants, migrateurs comme des hirondelles. Mais en quoi l'enseignement moderne développe-t-il, plus que l'autre, la force de caractère ? En quoi ses méthodes d'ingurgitation développent-elles, plus que la pratique de la version latine ou l'étude de la philosophie, l'esprit d'initiative? Donnent-elles mieux l'essor, du moins, à l'esprit scientifique? Nous avons montré le contraire. Écoutez les grands savants : ils vous répéteront que les méthodes littéraires exerçant le mieux le raisonnement et l'esprit ont une suprême importance scientifique. Descartes,

Pascal, d'Alembert, Laplace, Claude-Bernard, Pasteur, étaient-ils des élèves de l'enseignement moderne?

Nous nous étonnons du succès des Anglo-Saxons, et nous croyons qu'il est dû à leur éducation de collège. Mais quel peuple, depuis un siècle, est maître des mers et d'une immense partie des continents? Les Anglais. S'ils le doivent à leurs mérites, ils le doivent aussi en partie à nos fautes, à la collaboration de nos rois et de nos deux empereurs. Et quel peuple, partout où il lui plaît d'aller, depuis l'Amérique du Nord jusqu'à l'Australie et jusqu'à la Nouvelle-Galles du Sud, retrouve partout « sa langue, ses lois, sa religion? » L'Angleterre. Même dans les pays qu'il a cessé de posséder, dit M. Michel Bréal, l'Anglais peut encore se croire chez lui. « Voilà qui fait plus pour l'émigration que la nature des devoirs autrefois confectionnés au collège! » D'ailleurs, le latin s'enseignait partout dans les *grammar-schools* de l'Angleterre il y a trente ans. Ce n'est donc pas le latin qui a empêché les Anglais de se répandre par le monde.

Quant à la concurrence allemande, ce qui fait que, depuis vingt ans, le commerce allemand croît sans cesse et fonde de nouveaux comptoirs, c'est avant tout, comme le remarque encore M. Bréal, l'inéluctable nécessité de trouver des débouchés pour un marché encombré; ce sont ensuite les familles nombreuses, les relations nouées d'ancienne date, grâce à l'émigration, un système d'information rapide et exact, enfin une certaine complexion de caractère qui sait se plier aux exigences, tourner les obstacles, user les résistances, « sauf à faire appel, au cas de besoin, à la protection efficace de la mère-patrie. » On ne saurait mieux dire et le savant philologue n'attribue pas les succès de l'Allemagne à la philologie! Ce n'est donc pas avec l'étude des doublets, — pas même avec celle de la géographie, — que nous pourrons tenir tête à l'Allemagne pour l'industrie et le commerce. Ce n'est pas non plus en abandonnant le latin pour étudier les littératures romantiques.

L'auteur (un peu trop pessimiste) du livre intitulé *Un pays de célibataires et de fils uni-*

ques a excellemment montré, en répondant aux questions du *Comité Dupleix* dans la *France de demain*, combien la famille nombreuse est plus importante que tous les programmes et modes d'éducation pour le développement des qualités d'initiative chez les individus et pour l'expansion de la race. Donnez l'éducation la plus pratique, la plus *moderne* au fils unique qu'attend la fortune, répétez-lui « que le travail est un devoir, l'action une nécessité », instruisez-le de toutes les langues vivantes que son cerveau pourra contenir : « vous n'aurez après comme avant qu'un fils unique, riche, c'est-à-dire persuadé que jouir est le but de la vie et décidé à joyeusement dépenser tout ce bien que lui auront accumulé des parents imbéciles ». M. Debury exagère l'impuissance de l'éducation, mais ce qu'il dit s'applique avec exactitude à tout élève (moderne ou classique) qui n'aura point reçu une suffisante et complète instruction morale et sociale, dont le professeur de philosophie n'aura pas élevé les idées et élargi les vues, auquel il n'aura pas fait saisir la valeur de la vie, surtout de la vie sociale, et les grands problèmes que nos sociétés modernes ont à résoudre. Sans une doctrine de la vie et de la société, toutes les sciences et toutes les langues, vivantes ou mortes, ne rempliront pas le vide moral des cervelles, ne tremperont pas les volontés pour la vie active. A défaut d'une éducation du cœur suffisante, il faut l'éducation de la nécessité; et celle-ci ne s'impose qu'aux familles nombreuses, dont les membres sont placés dans cette alternative : se faire une position ou mourir de misère [1].

1. Selon M. Chailley-Bert, la colonisation n'en est plus au point de départ; elle a, durant ces dix dernières années, franchi des étapes. Après avoir reconstitué l'empire colonial, elle a recruté dans la jeunesse, « dans tous les rangs de la jeunesse », un « parti nombreux qui ne demande qu'à émigrer ». Aujourd'hui « les candidats émigrants sont légion ». Il ne s'agit donc plus surtout, comme certains le croient encore et le prêchent, « de décider les jeunes gens à émigrer »; mais « de les préparer dûment à la vie de l'émigrant et aux entreprises du colon, ce qui permettra de faire, dans le nombre, une sélection ». Même des femmes pour les colonies, épouses futures des futurs colons, égales à eux et dignes d'eux, « on les trouvera quand il y aura dans ces colonies de bons colons et des entreprises fructueuses ». Mais, s'il en est ainsi, c'est d'écoles techniques que nous avons besoin et non d'un enseignement moderne qui n'a absolument pas un trait de *colonial*.

Nous avons un très bel enseignement agricole, nous n'avons encore « ni écoles, ni, sauf une exception, professeurs de cul-

« La plupart des élèves auront d'ailleurs quitté vos écoles de bonne heure et se seront mis à la

tures coloniales. Et ce qu'on a fait pour la métropole ne peut par, au moins sans modification, servir pour les colonies ». Pour les cultures spéciales, il faut des hommes spéciaux. Quelle est donc la préparation nécessaire au futur agriculteur des colonies? « Une solide éducation agronomique générale, avec au moins une teinture de l'agronomie coloniale, le tout suivi d'une spécialisation coloniale approfondie sur place. » Les lois d'enseignement votées avec tant d'entrain par la démocratie n'ont peut-être pas tenu tout ce qu'on en attendait; mais l'enseignement agricole, lui, a donné au delà. Ce qui a été si profitable pour l'agriculture nationale le serait de même pour l'agriculture coloniale.

Quant au colon commerçant, s'il n'a pas de ressources, si sa famille ne peut pas s'imposer de longs sacrifices pour son éducation, il faut qu'à partir de quinze ans il gagne quelque chose ou que, tout au moins, il ne coûte rien; dès lors, sa voie est toute tracée. « Il entrera, comme jeune commis, en quelque sorte comme apprenti, dans quelque maison où l'on manie beaucoup de produits divers : commissionnaire, par exemple, droguiste, etc. ». Pourquoi chez ceux-là et non chez d'autres? « C'est qu'aux colonies, on ne connaît guère la spécialisation des affaires. Il n'y a pas un marchand de papier, un marchand d'étoffes, un marchand de souliers, un marchand de produits chimiques : les magasins sont presque tous des bazars où l'on vend, à des comptoirs différents, toutes les catégories de marchandises. Dans un pareil magasin, l'employé qui rend le plus de services est celui qui connaît le plus de spécialités. » Cette maison de commission ou de droguerie, le jeune homme y restera peut-être deux ou trois ans. Au besoin, il pourra, pendant ce temps, passer d'une place dans une autre, en vue d'étendre ses connaissances. Entre temps, il se perfectionnera en anglais et en comptabilité. « *C'est indispensable.* Il se fait, à Paris, et dans toutes les grandes

seule école qui fasse des hommes, l'école de la vie. Ceux même qui auront subi jusqu'au bout vos méthodes déprimantes les oublieront vite dès qu'ils seront aux prises avec les difficultés de la vie, pour peu qu'ils se sentent peu de fortune à espérer de leurs parents et qu'ils aient eu l'exemple de la moralité et du travail qu'offre d'ordinaire la famille nombreuse[1]. »

villes, des cours d'adultes, pendant la soirée : bien fou s'il n'en profitait pas. Et enfin, pour parachever son éducation, il devra, dans ses lectures, passer en revue les principales colonies où il a chance d'être envoyé : côte occidentale d'Afrique, Indo-Chine, Madagascar ; s'informer de tout ce qui plus tard aura de l'intérêt pour lui : climat, nourriture, hygiène, habitants, langues, etc. »
A dix-huit ans, ainsi formé et préparé, « il s'en ira frapper à la porte des maisons qui ont des comptoirs aux colonies. S'il a vraiment des connaissances et de la conduite, s'il se montre tel qu'il est, débrouillard et résolu, il est sûr de trouver un engagement. Quelques mois d'apprentissage spécial en France, puis, en route sur les colonies ! ». Chailley-Bert, *ibid*.

Tout cela est étranger à l'enseignement moderne et n'implique en rien l'extinction des études classiques. Pourquoi s'en prendre à ces dernières ?

1. M. Debury, dans la *France de demain*. L'étude du passé en Espagne ou en France, du présent en Allemagne ou en Russie, prouve que le nombre est un des facteurs les plus importants de l'évolution historique. M. Debury nous rappelle à quels absurdes éducateurs furent en proie l'Espagne et le Portugal ; elles n'en ont pas moins accompli une besogne coloniale de premier ordre. C'est qu'avant d'avoir six millions d'habitants

Ce n'est pas vers les Universités, c'est vers les écoles pratiques et professionnelles qu'il faut

(le moine et le mendiant, c'est-à-dire célibat et paresse l'avaient épuisée), l'Espagne en avait eu, un ou deux siècles plus tôt, sous Charles-Quint, près de trente. » De même « l'éducation sous Henri IV, Louis XIV ou Louis XV n'était pas de nature à outiller fortement pour le combat colonial, et cependant les résultats furent beaux ». C'est que la famille nombreuse a en elle une vertu propre qui atténue grandement l'effet des plus mauvaises méthodes.

Aujourd'hui, en France, l'enseignement primaire, dont on ne tient pas assez compte et que reçoit le gros de la nation, « n'est point trop livresque ni trop spéculatif », et pourtant « ni nos paysans ni nos ouvriers ne semblent plus enclins à la colonisation que les élèves de notre enseignement secondaire ». C'est que notre inaptitude coloniale ne vient point de notre système d'éducation : « elle est le lot fatal d'un pays de célibataires et de fils uniques ». On cite bien à tort l'Allemagne. Son enseignement primaire équivaut assez exactement au nôtre, « et son enseignement secondaire, malgré les écoles réelles qui sont la monnaie de notre enseignement moderne », est « tout aussi imprégné de latin, de grec, de sciences théoriques que le nôtre ». Le merveilleux développement commercial et industriel de l'Allemagne n'est point dû à ses programmes scolaires. L'essor économique n'a pas été empêché par l'éducation toute classique donnée jusqu'ici aux jeunes Allemands ; « elle a coïncidé beaucoup moins avec la guerre de 1870-1871 qu'avec la poussée d'hommes qui depuis vingt ans s'y produit ». C'est parce que l'Allemagne a actuellement 650 000 habitants de plus tous les ans qu'elle devient « une ruche d'une croissante activité; » c'est parce que la France reste stationnaire ou décroît numériquement « qu'elle ne suffit plus à soutenir la concurrence commerciale ou coloniale ».

Beaucoup de Français se consolent de leur petit nombre,

orienter ou, comme on l'a dit, aiguiller l'enseignement moderne, si l'on veut lui rendre sa destination rationnelle. Nous avons assez de bacheliers, assez de « prolétaires intellectuels »; n'en augmentons pas encore le nombre de cœur joie.

Chaque année, treize à quatorze mille jeunes Français aspirent au diplôme, et presque tous avec la pensée qu'une fois ce diplôme en poche, ils seraient « déshonorés s'ils faisaient de l'agriculture, de l'industrie ou du commerce ». La progression des candidats au baccalauréat moderne devient surtout effrayante : en 1892, 1337;

ajoute M. Debury, avec l'espoir que l'éducation peut améliorer d'autant plus ceux qui restent. Il y aura 650 000 Allemands de plus chaque année, soit; mais nous l'emporterons par la qualité! Ceux qui raisonnent ainsi ne veulent pas voir que « la qualité baisse précisément parce que la quantité diminue, qu'en moyenne cent fils uniques seront moins travailleurs et moins débrouillards que cent fils de familles nombreuses, quelle que soit l'éducation reçue de part et d'autre. » Considérez les sept ou huit enfants d'une pauvre famille, cévenole ou bretonne. « Ils n'auront jamais entendu disserter sur la volonté, n'auront suivi aucun de ces systèmes d'éducation d'où l'on voudrait nous faire croire que dépend la grandeur des États-Unis, et je gage qu'il y aura parmi eux beaucoup plus d'énergie et de décision que parmi huit fils uniques de millionnaires à qui leur précepteur ira sans cesse répétant : Ayez de la volonté »!

en 1893, 2 062; en 1894, 2811 ; en 1895, 3 071 ; en 1897, 3 433. Les inventeurs du baccalauréat moderne, loin de s'alarmer d'une telle progression, croient que c'est autant de gagné pour le *moderne*, autant de perdu pour le classique! « Erreur, leur répond le doyen honoraire de la Faculté de Caen ; à part quelques rares transfuges de l'ancien baccalauréat ès sciences, c'est dans un milieu nouveau que se recrute le baccalauréat moderne, *milieu qui avait échappé jusqu'ici à la maladie du diplôme et que la gangrène gagne à son tour*. Les Écoles supérieures des Frères de la Doctrine chrétienne en savent quelque chose, car elles commencent à devenir, elles aussi, des fabriques de bacheliers. Libre à d'aucuns d'y voir un progrès. Sans vouloir prendre les choses au tragique, je suis au contraire convaincu qu'il y a là un péril social des plus graves, des plus sérieux. » Si l'on nous répond que les bacheliers classiques vont aussi en augmentant beaucoup trop, nous répliquerons : — Raison de plus pour ne pas fabriquer encore des bacheliers modernes, nouveaux aspirants au prolétariat intellectuel.

Non seulement il y a des prolétaires dans toutes les carrières libérales, mais ils y sont légion : médecins, avocats, magistrats, professeurs, ingénieurs, officiers, fonctionnaires, employés, artistes, écrivains, étudiants, politiciens, journalistes, etc. Si l'Université crée 1000 licenciés par an, il n'y a que 200 ou 300 places vacantes pour eux dans les lycées : les autres ont pour but la dispense de deux ans de service militaire. L'École polytechnique a de 1000 à 1700 candidats pour 250 places ; l'École centrale produit chaque année de 800 à 900 ingénieurs, dont les Ponts et chaussées et les Compagnies de chemins de fer retiennent quelques-uns, le reste devant se caser dans l'industrie, où ils gagnent moins que certains ouvriers d'élite. Dans l'enseignement primaire, sur 150000 instituteurs ou institutrices ayant leur diplôme, il y en a 100000 dans une gêne très voisine de la misère ; il y a 15000 candidats pour 150 places vacantes dans les écoles de Paris ; les autres, par milliers, vont aux magasins, hommes ou femmes, et celles-ci, hélas ! parfois à la prostitution. A la préfecture de police il y a eu en 1896 pour 40 places 2300 candidats ; à l'Assistance publique on compte 250 candidats pour 8 emplois à donner. A Paris, sur 2 500 médecins, la moitié ne gagnent pas de quoi se tirer d'affaire et se rejettent sur « les besognes qui compromettent »; ce qui sera bien pis si l'enseignement moderne ou peut-être même primaire se voit jamais ouvrir l'accès des Facultés. C'est alors que les « dichotomies », les avortements, les complicités d'empoisonnement, le charlatanisme et le crime médical viendront grossir encore des statistiques déjà peu rassurantes.

Sur 3 000 avocats, il y en a tout au plus 20 qui réussissent. Les juges de paix, presque tous licenciés ou docteurs en droit, végètent misérablement, quand ils n'ont pas de fortune personnelle; et de même l'officier pauvre qui n'a pas atteint le grade de commandant. M. Henry Bérenger, dans la *Conscience nationale*, cite des chiffres tirés des statistiques officielles : le mal est indiscutable. Il provient de la course au fonctionnarisme, de l'imprudence générale avec laquelle on s'engage dans les carrières libérales, impasses pour beaucoup, enfers pour tant d'autres. Il provient aussi, pour une notable part, du développement de l'enseignement moderne dans un sens opposé à celui qui lui convenait, je veux dire dans le sens de tous les mandarinats.

En résumé, entre l'utilité et la culture désintéressée, le nouvel enseignement est resté piteusement assis par terre. Tandis que l'enseignement « spécial » répondait, comme on l'a vu, à une nécessité encore imparfaitement comprise, l'enseignement moderne, lui, ne répond à aucune nécessité : il est devenu simplement un moyen facile de conquérir les avantages autrefois réservés aux fortes études et de préparer la mort de ces dernières, au moment où on les relève partout, même en Amérique, et où les États-Unis les organisent dans tous leurs collèges.

II

Par la fausse direction qu'on lui a donnée, l'enseignement moderne n'a pas seulement compromis les études classiques, comme « la mauvaise monnaie chasse la bonne », il a encore plus compromis l'enseignement pratique et technique ; il a détourné vers une demi-culture bâtarde ce qu'on aurait pu donner, soit à la culture générale et désintéressée, soit à la préparation professionnelle ; il a gaspillé inutilement des efforts et des ressources qui auraient été employés ailleurs avec tant de profit ; il n'a été ni franchement réaliste, ni franchement idéaliste, ni utile à l'industrie ou au commerce, ni éducateur d'esprits.

Malgré cela, par son infériorité même, il avait plus de chances de plaire à la foule et de paraître démocratique ; aussi les directeurs de journaux ont-ils penché de ce côté et ouvert leurs colonnes aux professeurs de l'enseignement moderne, qui se sont mis à vanter ses vertus et qui, aujourd'hui, représentent presque seuls l'Université dans la resse quotidienne. Ainsi se forma naguère un prétendu « courant d'opinion », chaque journaliste étant, comme on sait, l'Opinion publique en personne. En réalité, on continuait de tromper le public en vue d'intérêts très différents des « besoins modernes ». Heureusement, un courant d'opinion contraire est aujourd'hui manifeste, et les vrais représentants de l'Université commencent à se défendre même dans les journaux quotidiens ou dans les revues.

La médiocrité des résultats obtenus dans cet enseignement moderne qu'on avait tant célébré, l'insistance de beaucoup de familles pour le retour à quelque chose d'analogue à l'ancien enseignement spécial, mais perfectionné, a fait ouvrir, dans plus d'un établissement, ce qu'on appelle les Troisièmes modernes B, classes terminales qui servent à clore un cycle d'études pour les élèves que leurs parents ne veulent pas laisser six ans au collège. L'enseignement moderne ne donnant guère satisfaction aux parents qui y font entrer leurs enfants, l'essai des classes de 4º ou 3ᵉ B a réussi. Les classes supérieures ont peu d'élèves. La « première-lettres », comme nous l'avons dit, n'existe guère ; en « première-sciences », la plus forte classe de province comptait l'an dernier sept élèves. A Charlemagne, une classe de 3ᵉ de 43 élèves a fourni seulement 5 ou 6 élèves voulant poursuivre leurs études. A Reims, la classe de 3ᵉ B, au contraire, s'est développée rapidement : de 7 à 8 élèves elle est passée à 22 ou 23, puis à 34 ou 35, et a eu de bons élèves ; de même dans d'autres lycées.

Les congrégations religieuses, qui, nous l'avons vu, triomphent dans l'enseignement *moderne*, ont elles-mêmes senti la nécessité d'un enseignement pratique peu long et formant un tout. Elles ont fait en ce sens des efforts heureux, qui ont rendu leur concurrence encore plus redoutable pour l'Université.

Il est essentiel que celle-ci restitue ouvertement à l'enseignement moderne sa destination. Il n'a pas de direction franchement pratique ; il faut lui en donner une. Il oscille entre je ne sais combien de méthodes et entre je ne sais combien de buts; il faut le définir et le spécialiser. Au lieu de singer le classique, qu'il sépare avec soin son domaine et ses ambitions de tout ce qu'occupe ou poursuit le véritable enseignement libéral. Qu'il laisse là Sophocle et Térence, et aussi Gœthe, et aussi Shakespeare; qu'il vise à une instruction française pratique, à une connaissance pratique des langues vivantes et des sciences. On ne voit pas ce qu'il y perdra ; on voit bien ce que tout le monde y gagnera.

Un grand explorateur anglais nous donnait récemment ce conseil : « Au lieu de songer à vous étendre au loin, concentrez-vous et multipliez-vous ». De même, dans l'instruction, il est temps de revenir à la culture intensive, non plus extensive ; moins encore que le classique l'enseignement moderne doit avoir la prétention de tout embrasser, de préparer à tout, à la médecine et au droit comme à la colonisation.

Aux dernières élections du Conseil supérieur, les professeurs se sont prononcés à la majorité considérable de *neuf* sur *dix* contre le caractère donné à l'enseignement moderne et contre l'erreur fondamentale de son organisation. A-t-on tenu compte, au Ministère d'alors, de cette opinion des hommes compétents ? Non, la plupart des ministres s'occupent moins de l'Université et de ses vœux que des directions du vent politique dans l'anémomètre parlementaire. Pour se délivrer d'une opposition importune et assurer le triomphe définitif de l'enseignement moderne, un récent ministre n'avait imaginé rien de mieux que de paralyser le suffrage des professeurs en introduisant dans le Conseil des hommes politiques et en ne laissant aux universitaires qu'un droit de vote indirect.

Le temps est cependant propice pour revenir sur les prétendues réformes de 1890, faites à rebours, contre l'intérêt véritable du pays et contre la volonté de l'Université. Un ancien ministre, dévoué à l'enseignement moderne, a eu beau s'écrier : « Les réformes ayant été faites malgré l'Université, l'Université se venge », ce grand corps, le plus éclairé de la nation, celui qui sous l'Empire, quand l'armée et la magistrature même pliaient humblement l'échine, donna presque seul l'exemple de l'indépendance, ne connaît pas plus aujourd'hui qu'autrefois les sentiments bas, serviles et égoïstes. S'il réussit, selon le mot de Lamartine, à faire palpiter la jeunesse de la vie générale, c'est qu'il a lui-même au cœur le sentiment profond de cette vie et de ses besoins. Les politiciens peuvent dire tout le mal qu'ils voudront de notre Université de France ; comparée à nos Chambres de députés et à la plupart des hommes politiques qui en émanent, il nous semble qu'elle fait assez fière figure et en France et aux yeux de l'étranger. Pourquoi son immense majorité, avec les professeurs de philosophie et ceux de lettres en tête, ne cesse-t-elle de répudier l'empiètement d'études nouvelles, mal organisées, sur les études classiques et philosophiques qui avaient fait le prestige de la France et que toutes les grandes nations maintiennent avec un soin prévoyant? C'est que l'Université ne se laisse pas séduire aux mirages d'une politique changeante et à courte vue ; c'est qu'elle en appelle courageusement de la démocratie mal éclairée à une démocratie mieux consciente de sa vraie mission. — Pédagogie, défie-toi de la politique! — Sous l'Empire, on en a vu un premier exemple; sous la République, on en voit un second.

L'ancienne bifurcation impériale était bien supérieure au régime actuel, dû à des hommes préoccupés surtout de propagande pseudo-démocratique. La bifurcation impériale reposait sur un principe plausible : la distinction des carrières littéraires et des carrières scientifiques ; elle laissait subsister l'étude commune du latin et même de *toute* la philosophie sous le nom de logique. C'est ainsi que, pour notre part, nous avons fait une philosophie complète. Aujourd'hui, on a la bifurcation bien pire des classes de lettres et des classes de mathématiques élémentaires, sans études sérieuses de philosophie ; de plus, on a la bifurcation plus grave du classique et du moderne, ce dernier prétendant être « littéraire » comme l'autre. Enfin, répétons-le, on a établi des bifurcations à l'entrée même de la classe la plus essentielle, de celle qui a pour objet l'unité théorique et pratique des intelligences ou des volontés, de celle aussi qui entretient dans la classe moyenne le véritable esprit démocratique et libéral, la classe de philosophie. Un désordre aussi incroyable dépasse toutes les imaginations des Fortoul et des Rouland ; il brouille tout, confond l'essentiel avec l'accessoire, multiplie les « doubles emplois », compromet les études littéraires, menace les études philosophiques, sans fortifier en échange les études scientifiques et les études industrielles.

A force de discréditer, de gêner, de mutiler l'enseignement classique, *on finira par le tuer*. Si l'on ne veut pas qu'il meure et, avec lui, les plus grandes traditions françaises, ou qu'il se réfugie presque tout entier dans les établissements ecclésiastiques (quelles que puissent être la valeur de ces derniers et leur utilité propre), il n'y a qu'un moyen à employer : faites rentrer dans son vrai domaine et dans ses justes limites l'ancien enseignement spécial : « La maison est à moi, c'est à vous d'en sortir ». Enlevez-lui ce que, dans son propre intérêt, on n'aurait pas dû lui accorder; faites-lui, en revanche, le plus beau don qu'on puisse lui faire : donnez-lui la valeur vraiment pratique qui peut seule assurer son succès et son droit à l'existence. Prenez à l'âge de onze ou douze ans les enfants qui auront fait de bonnes études préalables, et formez-les en quatre ou cinq ans pour les carrières industrielles, agricoles, commerciales, coloniales. A côté des sciences et de leurs applications, faites-leur étudier les langues vivantes, mais « pour les parler et les écrire, non pas pour faire de la littérature »; apprenez-leur « l'histoire moderne, non la grecque ou la romaine »; donnez-leur des « notions de morale, quelques éléments *pratiques* de droit, d'économie politique »; que l'enseignement de la langue française tende, « non pas vers le développement de l'esprit critique ou les raffinements du sens esthétique, mais vers la volonté et l'action ». A ce cadre « fixe et commun pour toute la France » viendront s'adjoindre, « suivant les caractères des régions ou les vœux mêmes des familles, des compartiments mobiles complétant l'enseignement général par des notions techniques, agricoles ou industrielles ». Que les enfants soient libérés de l'enseignement à quinze ou seize ans, afin d'avoir, avant l'âge du service militaire, le temps nécessaire pour aller aux colonies ou à l'étranger, s'il leur est possible. Là ils apprendront à *parler* les langues *étudiées* au lycée, ils verront « les usages des diverses nations », ils se familiariseront avec les causes qui donnent l'avantage au commerce de chaque peuple dans les diverses parties du monde, ils deviendront « de bons voyageurs préparés à porter et à faire valoir les produits français sur tous les marchés[1] ».

L'enseignement scientifique pratique doit se garder de tout « baccalauréat » comme d'un « germe de mort »; il doit aboutir à un diplôme spécial, n'ayant absolument rien de commun avec le baccalauréat classique, n'ouvrant *aucune* des carrières qu'ouvre ce dernier. Dans les lycées et collèges, il trouvera une place désormais très honorée, mais sous la condition expresse de renoncer à toute idée de concurrence avec l'enseigne-

---

1. Voir sur ce point : *Un peu de vérité sur l'enseignement secondaire*, par M. Clairin, et les propositions de M. Boudhors à la réunion de la *Société pour l'étude des questions d'enseignement secondaire*, dans le journal *l'Enseignement secondaire* du 15 décembre 1897.

ment classique. Ainsi prendra fin la fameuse crise de l'enseignement secondaire.

Les congrégations religieuses, qui, nous l'avons vu, ont elles-mêmes senti la nécessité d'un enseignement pratique peu long et formant un tout, ont fait en ce sens des efforts heureux, qui ont rendu leur rivalité encore plus redoutable pour l'État. Selon M. l'abbé Pautonnier, qui a fourni à la Société pour l'instruction secondaire des détails sur l'enseignement libre, il s'est produit là toute une évolution. Les Frères sont arrivés, nous l'avons vu, à donner dans beaucoup d'écoles un enseignement quasi secondaire. Dans divers autres établissements ecclésiastiques, notamment à Châlons-sur-Marne, on a organisé un enseignement pratique, en particulier un enseignement destiné à de futurs agriculteurs ou industriels ruraux. Mais on constate une différence importante entre les élèves sortant de chez les Frères et ceux qui sortent des établissements d'enseignement secondaire : les Frères visent plutôt à fournir des connaissances ; l'enseignement secondaire donne une valeur plus élevée à l'esprit et au caractère. On constate aussi une différence importante de qualité entre les élèves ayant reçu les uns un enseignement primaire, les autres un enseignement secondaire. L'importance de la formation intellectuelle des élèves en résulte manifestement.

L'enseignement primaire supérieur ne fournit donc pas la solution cherchée. N'ayant qu'une durée de trois ans, il est trop court. De plus, il est donné à des élèves ayant une culture antérieure insuffisante. Ajoutons que les industriels mettront volontiers leurs fils au lycée, mais ne les enverront pas à l'école primaire supérieure[1].

1. « Le caractère d'un enseignement *secondaire* est, non pas d'apprendre aux élèves une profession, mais de les rendre capables d'apprendre et d'exercer la profession qu'ils voudront choisir Et de même que le jeune homme sorti de l'enseignement *classique* portera toujours, dans la carrière où il pourra s'engager, la marque indélébile de ses premières études et que son esprit gardera la forme qu'elles lui auront donnée — de même l'enseignement *secondaire pratique*, tel que nous le concevons, doit imprimer à l'esprit, au caractère de l'enfant, une direction morale et intellectuelle favorable à l'accomplissement de la fonction sociale qui l'attend ». (M. Alfred Croiset, membre de l'Institut, professeur à l'Université de Paris. *Circulaire adressée par la Société de l'enseignement secondaire aux directeurs d'écoles techniques et professionnelles.*)

Puisque l'enseignement non classique doit cependant comporter une éducation générale de l'esprit, il faut en rehausser la dignité et, pour cela, en faire un enseignement secondaire. Dans ces conditions, il vaudra mieux, parce qu'il sera donné par un personnel ayant reçu lui-même une éducation supérieure. Tout enseignement qui vise à une certaine culture générale ne peut, sans inconvénient, être donné par un corps de maîtres n'ayant eux-mêmes que la culture primaire. A Berlin, le personnel enseignant dans les écoles « bourgeoises », qui sont des écoles pratiques analogues à celles dont nous avons besoin en France, a la même origine que le personnel des gymnases; dans les petites villes, il est obligatoire qu'il y ait une moitié du personnel ayant cette origine.

L'enseignement moderne réformé pourra s'appeler ou *enseignement pratique* ou *enseignement scientifique pratique*. Pour l'établir et lui enlever tout ce qui peut en faire une doublure du classique, trois solutions ont été mises en avant. 1° Au fur et à mesure des besoins çà et là constatés, au hasard des demandes faites par les autorités et notabilités locales, faut-il établir, — sans plan général et sans organisation systématique, — des classes ou des cours annexes et complémentaires? — Selon nous, cette solution n'en est pas une et produirait le désordre. 2° Faut-il séparer l'enseignement moderne actuel en deux séries d'études superposées, la première suffisante pour ceux qui se préparent aux carrières commerciales, industrielles, etc., la seconde destinée à ceux qui veulent aller plus loin, par exemple aux grandes écoles scientifiques? — Non. Ce serait toujours la porte ouverte, comme aujourd'hui, aux baccalauréats, aux ambitions de fonctionnarisme et de grandes Écoles, ce qu'on doit éviter *à tout prix*. 3° Faut-il enfin établir un enseignement complet, solide, tout d'une venue, fondé sur des principes fixes et précis, constitué de programmes franchement conformes à un but spécial et inflexiblement orienté vers les carrières usuelles? — Cette dernière solution, à laquelle nous nous rallions, est la seule bonne. Par là on formera en quatre ou cinq ans des « chefs responsables » pour l'industrie et le commerce, capables de représenter notre pays dans la lutte économique entre nations civilisées [1].

Quant à la sanction, répétons qu'elle doit consister en un titre quelconque absolument distinct du titre de bachelier, qui a toujours éveillé et éveillera toujours des idées en opposition avec l'objet véritable de l'enseignement pratique.

Tant que l'enseignement moderne se posera en égal du classique (avec un an de moins, et des études plus faciles!) en préparateur rival aux fonctions libérales et aux grandes Écoles, en aspirant fournisseur des facultés de médecine et de droit, en fabricant de bacheliers au rabais et de

---

[1]. C'est cette « armée commerciale de demain » que saluait M. Delaunay-Belleville lors de l'inauguration récente des agrandissements de l'École des Hautes-Études commerciales : « Notre Compagnie a eu pour objectif de constituer les éléments d'une armée commerciale solide et instruite, encadrée par des hommes solidement préparés, conduite par des chefs à l'esprit ouvert, éclairé et entreprenant, telle, en un mot, qu'elle doit être pour disputer à ses rivales la possession des marchés du monde ».

Voir l'article de M. Albert Petit dans les *Débats* du 10 janvier 1898, et, dans l'*Enseignement secondaire*, les articles de M. Boudhors.

fonctionnaires superflus, tous ceux qui ont souci des grands intérêts de la nation devront le repousser comme antinational. Qu'il renonce à tout baccalauréat, qu'il se tourne *exclusivement* et sans arrière-pensée vers l'industrie, le commerce, l'agriculture, les besoins coloniaux, c'est là son unique raison d'être, son digne moyen de servir la nation à sa manière et dans son domaine propre, au lieu de contribuer à la ruine des études classiques et, par cela même, à l'abaissement de l'influence française.

CHAPITRE VI

La réforme du baccalauréat.

I

Tout comme la « question du latin », que nous avons examinée précédemment au point de vue des intérêts sociaux, celle du baccalauréat est une « question sociale », parce qu'elle intéresse l'avenir même de l'instruction secondaire et supérieure, par conséquent celui de la société. Outre que le baccalauréat est un stimulant pour les élèves, il est aujourd'hui la dernière défense des études classiques contre le courant de l'utilitarisme et du spécialisme. Supprimez-le, vous voilà obligés d'établir, à l'entrée de chaque carrière, ou un examen analogue ou une surcharge des examens d'entrée déjà existants. Ces épreuves nouvelles, si elles ont un caractère spécial, décourageront, parmi les élèves de nos établissements secondaires, tout effort vers la culture générale; de plus, elles seront un emmagasinage énorme; les spécialistes trouveront qu'on ne sait jamais assez de ce qui concerne leur métier. Si les épreuves, au contraire, ont un caractère général, elles ne pourront être qu'une résurrection du baccalauréat, subi par les candidats dans des conditions bien pires que celles d'aujourd'hui.

On accuse le baccalauréat de l'abaissement des études; c'est lui qui en a souffert, ce n'est pas lui qui l'a causé. Dès avant la rhétorique, dit-on, les élèves pensent au baccalauréat pour négliger les matières d'études et les exercices qu'ils ne retrouveront pas à l'examen. Eh bien, s'il n'y avait point de baccalauréat, ils négligeraient tout, voilà la seule différence [1].

---

[1]. M. G. Monod a dit dans la *Revue historique* : « Mon expérience, depuis que ma qualité de père de famille m'a fait suivre de près les études de mes fils et de leurs camarades, c'est que, grâce au baccalauréat, on travaille beaucoup plus et même beaucoup mieux en rhétorique et en philosophie que dans les classes précédentes. Il faudrait un robuste optimisme pour s'imaginer

M. Combes reproche aussi au baccalauréat d'être une « cause de trouble pour les études, parce qu'elles sont forcées de se plier à ses exigences ». Mais le remède est de plier le baccalauréat aux exigences des bonnes études, non de le supprimer. Comment le baccalauréat, d'ailleurs, peut-il troubler les études, sinon là où il impose aux candidats des efforts excessifs de mémoire et un travail d'emmagasinage funeste à l'intelligence? Pour parer à cet inconvénient, il n'y a qu'à simplifier le programme et à en exclure tout ce qui n'est que mnémotechnie. La suppression du baccalauréat serait bien pire encore. Nous venons de le voir, ou les études n'auraient pas de sanction, et alors que deviendraient-elles? ou elles auraient pour sanction les examens spéciaux à l'entrée des carrières; et c'est là, encore une fois, que le « bourrage » redeviendrait indescriptible et que les études seraient obligées de se « plier aux exigences » des spécialistes.

Il est de mode, aujourd'hui, de critiquer sans

qu'en supprimant partout la crainte de l'examen, on réveillera dans toutes les classes l'ardeur au travail. »

cesse examens et concours, de leur attribuer tous les maux, surtout quand on leur doit soi-même d'avoir tout d'abord percé et d'avoir pu acquérir plus tard une notoriété (exemple : les Renan, les Taine, et aussi M. Jules Lemaître, et combien d'autres![1]). Quand on a parlé de « mandarinat », on croit avoir tout dit ; mais, dans un état démocratique, examens et concours, pourvu qu'ils soient sérieusement organisés, sont le grand moyen de sélection et de hiérarchie naturelle, comme d'impartialité et d'indépendance ; ils arrêtent en chemin une bonne partie des incapables et ne peuvent décourager qu'une portion infinitésimale de capables ; ils empêchent de tout devoir à l'intrigue et à

1. Et nous-même, s'il nous est permis de le rappeler dans l'intérêt de la vérité ! que serions-nous devenu sans le baccalauréat, sans la licence passée un an après, sans l'agrégation de philosophie, où, du fond de la province, nous arrivâmes complètement inconnu, sans notre thèse de doctorat, qui fournit à la presse l'occasion d'une vive polémique au sujet de la liberté et du déterminisme, sans les deux concours de l'Institut sur Platon, puis sur Socrate? Aimerait-on mieux que l'avancement fût dû aux recommandations, aux amitiés politiques ou aux notes des administrateurs, souvent peu éclairés ou qui, comme tel principal de collège, donnent des notes médiocres aux bons professeurs pour les garder plus longtemps auprès d'eux?...

la faveur. Le problème n'est pas de les supprimer, mais de les fortifier et de les diriger dans le sens d'une sélection des vrais talents, non des meilleures mémoires. Si le baccalauréat semble un examen trop facile, qu'on le rende plus difficile; et si l'on trouve qu'il y a encore trop de bacheliers, qu'on en limite le nombre et qu'on change l'examen en une sorte de concours : on aura ainsi un triage beaucoup plus sérieux[1].

Au reste, ceux qui reprochent à l'enseignement libéral ses non-valeurs oublient que, par l'effet des mêmes lois de sélection dont nous avons parlé, les non-valeurs sont la condition des valeurs, les « fruits secs » sont le résidu d'un triage sans lequel on n'aurait pas permis aux bons fruits de se révéler et de mûrir. Partout et en tout la base de sélection doit être beaucoup plus large que les résultats « sélectionnés ». Il est essentiel que les fonctions libérales et les

---

1. On pourrait, par exemple, déterminer le nombre de bacheliers proportionnellement aux nombre des demandes, puis, dans chaque série, réserver pour la fin les indécis et faire ensuite, au concours, le triage de ceux qui peuvent compléter le nombre réglementaire.

hauts postes de l'industrie ou du commerce soient réservés, autant que possible, aux meilleurs, à la véritable élite nationale : l'objet des examens ou concours serait, s'ils étaient bien organisés, d'aboutir à un triage sérieux. Ne gémissez pas sur ceux qui resteront avec des diplômes sans emploi et qui auront acquis des connaissances *pour eux* inutiles, du moins en apparence ; outre qu'ils auront respiré une atmosphère supérieure, dont il reste toujours quelque chose, et que l'éducation libérale les aura plus ou moins libéralisés, ils auront servi à faire surgir auprès d'eux et au-dessus d'eux les vraies âmes libérales dont un peuple a besoin plus que d'âmes utilitaires.

Quand on adresse tant de reproches au baccalauréat, on oublie qu'il ne dépend que des familles de diriger ailleurs leurs enfants, qu'un grand nombre d'entre elles, après tout, ont la sagesse de le faire et qu'enfin, dans les autres carrières, l'encombrement égale celui des carrières libérales et des fonctions publiques. « Faites de l'industrie, faites du commerce, faites de l'agriculture ! » Tout cela est fort bien dit, mais, là comme ailleurs, les places sont occupées et la concurrence des pays nouveaux est désastreuse. On fait beaucoup de bruit sur les infortunes de tel ou tel prolétaire intellectuel ; mais les journaux nous racontent-ils celles des industriels et commerçants qui se ruinent, ou celles des colons qui se font rapatrier après être tombés dans la misère? Quant à ceux qui meurent de la fièvre ou du choléra, ils ne se plaignent pas ! Ne négligeons donc ni le classique pour le pratique, ni le pratique pour le classique ; c'est la règle qu'ont toujours suivie les Allemands, et les Anglais, et les Américains, qui, après avoir été surtout absorbés par le pratique, sont aujourd'hui préoccupés au plus haut point du classique.

Le remède au mal dont nous souffrons en France, c'est de donner dans l'examen une importance légitime et proportionnelle aux matières vraiment nécessaires et surtout aux exercices qui, ne pouvant s'improviser, dénotent seuls une culture sérieuse. On rendra impossible la préparation artificielle et mécanique, si l'on exclut tout ce qui ne demande que l'absorption passive et la répétition machinale, si l'on exige au contraire ce qui fait appel à l'effort actif, à la réflexion, à un entraînement de plusieurs années. Quand on établit des « sanctions », il est clair qu'il faut les rendre justes, récompenser le travail vrai et le vrai mérite. Si on ne le fait pas, ce n'est pas à l'idée de sanction qu'il faut s'en prendre, mais à sa propre impéritie.

II

Une fois admis le baccalauréat comme indispensable sanction des études libérales, son niveau dépendra : 1° de la sévérité des examinateurs ; 2° du choix des compositions écrites, qui, plus encore que tout le reste, doivent s'adresser non à la mémoire, mais au travail personnel. C'est dire que les épreuves littéraires et philosophiques, où l'improvisation et l'emmagasinage mnémonique échouent, doivent avoir le pas sur les épreuves de sciences, d'histoire et de géographie, où la préparation hâtive est toujours possible. Les sciences naturelles, l'histoire, la géographie s'apprennent un mois ou deux avant l'examen.

Un élève qui n'a pas écouté une seule leçon d'histoire ou de géographie peut, en quelques jours, étudier un manuel et avoir, comme on dit, la mémoire fraîche. Mais à qui les détracteurs aveugles du baccalauréat feront-ils croire qu'un élève qui a fait de mauvaises études pourra cependant produire, au jour fixé, par la vertu des manuels, une bonne version latine, de bonnes compositions de littérature, une bonne dissertation de philosophie? qu'il pourra bien expliquer des textes latins, bien résoudre une question de mathématiques, un problème de physique? Voilà donc les preuves *probantes*, auxquelles toutes les autres doivent être subordonnées ; d'autant plus que les autres objets d'étude n'ont qu'une utilité spéciale et variable avec les vocations[1].

1. M. Jules Legrand a demandé de faire traduire aux élèves, pour les langues anciennes ou modernes, cinq ou six textes courts, empruntés à différents auteurs; pour l'histoire, de répondre par écrit à une dizaine de questions, etc. C'est le jeu des petits papiers, simple jeu de mémoire qu'on veut substituer à un examen portant sur la valeur intellectuelle, c'est-à-dire littéraire, scientifique, philosophique. C'est, en d'autres termes, sous prétexte de supprimer la loterie de l'examen oral, changer l'examen écrit lui-même en une sorte d'examen oral et de menu interrogatoire.

Quant à l'examen oral, pour être autre chose qu'une série fortuite de questions s'adressant à la mémoire, il devrait durer plus longtemps et porter surtout, lui aussi, sur les matières dont la connaissance ne saurait être improvisée : auteurs latins et français, langues vivantes, philosophie, mathématiques. L'histoire, la géographie, les sciences physiques et naturelles, tout ce qu'on peut apprendre par un travail improvisé et par une surcharge de la mémoire, n'y devraient avoir qu'un rang secondaire.

Le livret scolaire, s'il a des avantages, ne va pas sans de graves inconvénients. De quelles sollicitations, de quelles recommandations seront assaillis les professeurs, ces redoutables dispensateurs des notes, en vue du grand jour ! Dans les collèges de second ordre, une préoccupation domine toutes les autres : soutenir la concurrence contre les institutions libres, rivales ou adversaires ; dès lors, quelle sera la situation des professeurs de rhétorique ou de philosophie devant le chef de l'établissement, quand il s'agira de distribuer des notes d'où peuvent dépendre le succès, le renom et la clientèle de la maison? Que dire des maîtres qui donneront des répétitions et leçons particulières? Si leurs élèves sont bien notés, on criera à la faveur; si d'autres élèves, qui ne prennent pas de répétitions, sont mal notés, eussent-ils mérité des notes cent fois pires, on prétendra qu'ils expient le tort de ne pas s'être adressés à leur professeur pour des leçons supplémentaires.

Et maintenant, songez au sort de ces autres professeurs qui feront partie du jury et qui auront à apprécier la valeur, la sincérité des livrets scolaires! Le premier élève de Carpentras sera-t-il jugé égal au premier élève de Charlemagne? Non sans doute. Et le premier élève de tel établissement libre, uniquement occupé du succès aux examens, sera-t-il jugé égal au premier élève d'un grand lycée, où l'on a surtout en vue de fortes études? Vous entendez d'ici les réclamations, les indignations, les dénonciations!

Le livret scolaire ne doit, selon nous, dispenser d'aucune épreuve et n'être consulté *qu'après* la décision d'admissibilité ou de non-admissibilité. Il doit simplement éclairer alors les juges, sans conférer le moindre droit au candidat. Les juges pourront, s'ils le trouvent bon, dans certains cas exceptionnels, compenser *conditionnellement* jusqu'à nouvel ordre une mauvaise note, puis soumettre l'élève à un examen spécial et complémentaire sur l'objet où il avait eu cette mauvaise note. Mais, encore un coup, tout ce qu'on érigerait en *droit* au nom du livret serait l'occasion de récriminations sans fin, d'intrigues sans nombre.

Trop souvent le personnel des Facultés, qui ignore parfois l'enseignement secondaire, son esprit et ses méthodes, refuse de prendre au sérieux le baccalauréat; il le dédaigne, il le subit comme un ennui et un mal; il accepte docilement, en haussant les épaules, la « décadence des études », quand son devoir serait de s'en occuper et de réagir; il reçoit trop de bacheliers, et il se plaint ensuite bien haut de ce que les bacheliers sont trop faibles. Il y a là une étrange inconséquence, dont les effets se font de plus en plus sentir. Il vaut mieux cependant laisser aux Facultés les examens qui confèrent le baccalauréat; on pourra seulement leur adjoindre des professeurs de l'enseignement secondaire, docteurs ou agrégés; mais l'organisation devra être telle qu'ils n'interrogent pas leurs propres élèves ni même ceux de leur lycée. Le mieux serait de choisir des professeurs récemment mis à la retraite, des docteurs ou agrégés n'ayant d'autre occupation que celle des examens. Au ministre et au Conseil supérieur il appartiendrait de veiller à ce que les épreuves fussent sérieuses et suffisamment sévères.

En somme, c'est faute de distinguer le nécessaire du superflu que nos examens aboutissent aujourd'hui à cet encombrement de la tête qui n'a son remède naturel que dans le bienfaisant oubli. On traite nos enfants, selon le mot de Dickens, comme de petites cruches qu'il faut remplir jusqu'aux bords avec n'importe quoi. Le résultat de l'instruction encyclopédique aujourd'hui en faveur, ce n'est même pas une gymnastique intellectuelle, que seule produirait l'instruction méthodique et philosophique; c'est, — chose bien différente, — une courbature intellectuelle, souvent même une déformation de l'esprit.

On se plaint en Italie, comme chez nous, de la désorganisation des études classiques : on avait jadis revisé les programmes des lycées en se réglant sur les répugnances et les sympathies des pères qui envoient leurs enfants aux *institutions techniques*; la discipline a été écartée; les méthodes de l'enseignement supérieur ont fait invasion dans l'enseignement secondaire; on a fait appel au « sens critique et philologique » des élèves, à un âge où il sommeille encore, heureusement pour eux; bref, toutes les erreurs de notre nouvelle pédagogie ont été avec soin imitées, mais elles sont aujourd'hui déplorées et l'on se préoccupe d'y mettre fin. Ne nous obstinons pas nous-mêmes dans nos mauvaises voies. Réagissons partout contre les empiétements des études surtout mnémoniques, histoire, géographie, philologie, sciences spéciales; faisons apprendre à tous, soit dans les lettres, soit dans les sciences, ce qu'il y a d'éducatif, c'est-à-dire de grand et de beau, en méprisant la vaine recherche des détails et de l'érudition, en insistant sur les principes et les méthodes, qui seuls importent pour des enfants. Tout dans l'éducation doit élever les esprits ; tout doit avoir une portée esthétique, morale et philosophique. Ce qui est purement instructif doit varier selon les besoins et être réduit au nécessaire.

III

Une composition de philosophie doit être exigée dans tous les baccalauréats, comme garantie d'études classiques complètes. Cette mesure est le grand moyen d'exclure les préparations mécaniques, surtout extra-universitaires ; le baccalauréat ès *lettres* et *philosophie* est aujourd'hui le seul qu'il soit vraiment difficile d'obtenir sans une préparation sérieuse et sans des maîtres qui soient de dignes représentants de l'enseignement secondaire, non de l'enseignement primaire supérieur.

Loin de faire bifurquer les élèves, comme aujourd'hui, à partir de la philosophie, dont la déplorable réforme de 1890 a notablement diminué les élèves, il faut au contraire les réunir sans exception dans cette classe, la plus importante de toutes. Non seulement le cours de philosophie doit être obligatoire pour les jeunes gens qui se destinent au droit, à la magistrature, au professorat (même et surtout au professorat des sciences), mais encore il doit l'être pour ceux qui se destinent aux carrières scientifiques, à la médecine, aux écoles de l'État. Ayant la haute direction de l'enseignement, l'État doit exiger ici la culture la plus élevée et la plus capable d'élever. Moins que tout autre un médecin, un ingénieur, un professeur peuvent être dépourvus de connaissances sérieuses en psychologie, en morale, en sociologie, en philosophie générale.

Depuis longtemps nous réclamons, avec tous ceux qui ont souci de ne pas voir s'abaisser le niveau des études libérales, contre le droit qu'on a accordé aux candidats pourvus du baccalauréat lettres-mathématiques (et qui n'ont pas fait de philosophie) d'être admis dans les Facultés de droit *sans même qu'ils aient à demander une dispense!*...

Les ministres ont beau, l'un après l'autre, faire la sourde oreille, il y a là une anomalie qui doit cesser, car c'est un mauvais exemple donné à ceux qui veulent déserter la classe de philosophie.

La mesure dont nous parlons est si étonnante que le ministre même de l'Instruction publique, dans une récente discussion, semblait ne pas bien en connaître l'existence! Elle constitue un précédent qu'invoqueront, qu'invoquent déjà ceux qui veulent ouvrir aussi les Écoles de médecine aux élèves n'ayant suivi aucun cours de philosophie. Les rapports du droit avec la morale, avec la science sociale, avec la psychologie même, sont pourtant d'une telle évidence qu'il est inutile d'insister. Les problèmes de la criminalité et de la responsabilité, comme tous les autres problèmes à la fois moraux et sociaux, donnent lieu de nos jours à une foule de paralogismes, surtout de la part des physiologistes, anthropologistes, psychiâtres. Des jeunes gens qui n'ont d'autre bagage que la rhétorique et les mathématiques seront facilement la proie des sophistes et sophistes eux-mêmes. N'ayant point reçu une instruction philosophique régulière et complète, ils puiseront leur philosophie dans les journaux ou dans les conversations après dîner. Livrés sans principes et sans règle à la mêlée des doctrines, ils auront beau posséder la lettre des lois, l'esprit moral et social de toute législation leur échappera. Ils ne feront que des juristes ou des politiciens, en un mot, des hommes d'affaires. C'est par la grande porte, non par la porte dérobée des mathématiques, pas plus que par celle de l'enseignement spécial devenu moderne, qu'on doit entrer dans nos Écoles de droit. Il est essentiel que nos avocats, que nos médecins, que nos ingénieurs, que nos six cent mille fonctionnaires constituent vraiment une élite; pour cela l'État doit être sévère sur les conditions d'admissibilité; il ne doit pas demander une *quantité* croissante de connaissances utiles, ce qui est le pire moyen de choisir; il doit demander une *qualité* de culture supérieure, désintéressée et libérale. Puisqu'il a tant de postulants, qu'il en profite pour hausser le niveau moral et social de ses élus. Se laisser envahir, au contraire, par une plèbe de médiocres, c'est accomplir une sorte de suicide. N'est-ce pas un besoin « moderne » aussi, n'est-ce pas un besoin « démocratique » que les médecins, les juristes, les officiers et ingénieurs, à cause de leur influence particulière, de leurs responsabilités, de leur rôle social et même politique, reçoivent, outre leur préparation spéciale, l'éducation générale la plus haute que nous puissions leur donner[1] ?

En rendant la philosophie universellement obligatoire, on pourra, nous l'avons montré, établir dans le cours, à côté d'une partie commune aux diverses divisions, littéraire et scientifique, une partie réservée aux seuls bacheliers ès lettres. Six heures par semaine seraient consacrées, pour tous les élèves, à l'étude de la psychologie, de la morale, à la philosophie de la nature et de l'esprit, enfin à la dissertation française. La division

1. Un ancien élève de l'École polytechnique, père d'un polytechnicien, a réclamé, dans la *Revue bleue*, un enseignement philosophique qui serait donné à cette école, — enseignement éducateur des intelligences, et par cela même des volontés. Rien de mieux, mais le premier point est de ne pas ouvrir la porte de cette école, ni d'aucune autre, à ceux qui n'ont pas fait des études de philosophie sérieuses.

des lettres aurait en plus une classe supplémentaire pour la logique, l'esthétique, la sociologie, l'histoire de la philosophie et les auteurs philosophiques. Dans les programmes actuels de philosophie, on a donné un peu trop de place à la psychologie, qui est une science de plus en plus spéciale, à la logique théorique, qui est plus curieuse que vraiment utile et qui peut s'apprendre trop aisément dans un manuel, enfin à l'histoire de la philosophie et aux auteurs philosophiques, nouvelle matière à charger la mémoire. L'essentiel pour l'éducation des jeunes gens est d'une part, dans la philosophie de la nature et de l'esprit, d'autre part, dans la morale et la sociologie. Une conception du monde, de l'homme et de la société, voilà ce dont on a besoin, plutôt que d'une théorie de la perception extérieure, ou d'une théorie de la déduction et de l'induction, ou d'une exposition de la philosophie scolastique, quelque intérêt qu'elles offrent d'ailleurs. Puisqu'il faut savoir se borner, nous serions donc partisan de rendre plus élémentaire l'enseignement de la psychologie, mais de rendre plus approfondi, pour tous les élèves, quels qu'ils soient, l'enseignement de la philosophie générale, de la philosophie morale et de la philosophie sociale.

Le baccalauréat, fortement établi sur l'unité des études franco-latines et philosophiques, pourrait, sans le moindre inconvénient, faire une place plus grande à la littérature pour les uns, aux mathématiques pour les autres, ou aux sciences physiques et naturelles. Mais on ne saurait trop répéter que le système actuel, — qui fait hypocritement commencer la bifurcation trop tard et lui sacrifie la classe de philosophie, — dépasse en absurdité tout ce qu'a fait l'Empire; quel que soit le baccalauréat, littéraire ou scientifique, il doit donc avoir pour base, à la fin de la rhétorique, une version latine et une composition en français; à la fin de la philosophie, une dissertation philosophique. On pourra y ajouter ensuite des compositions de sciences, dans la mesure nécessaire pour donner au diplôme une valeur plus appropriée à tels besoins ultérieurs.

Afin de marquer la vraie orientation de l'enseignement, qui est l'orientation philosophique, tout baccalauréat devrait s'appeler *baccalauréat de philosophie*, sauf à admettre trois ou quatre subdivisions fondées sur les *équivalences* admises dans les trois dernières années :

1° Baccalauréat de philosophie et lettres (droit, professorat, etc.);

2° Baccalauréat de philosophie et sciences mathématiques (grandes écoles scientifiques, École polytechnique, Saint-Cyr, etc.);

3° Baccalauréat de philosophie et sciences naturelles (médecine, etc.);

4° Baccalauréat de philosophie et sciences économiques, comprenant l'économie industrielle, commerciale et rurale (grandes écoles professionnelles, industrielles ou agricoles, colonisation, etc.).

Le principe fondamental est que *le français, la version latine et la philosophie sont intangibles*, tout le reste admettant des substituts. Français, latin, philosophie + sciences mathématiques + anglais = français, latin, philosophie + sciences physiques et naturelles + allemand = français, latin, philosophie + grec + his-

toire littéraire, etc. La première partie de
l'équation représente le fonds permanent de
l'esprit français, qui, quoi qu'on fasse et quoi
qu'on dise, résulte de la combinaison de l'esprit
national avec la culture latine et avec le rationalisme philosophique ou laïque de Descartes, du
xviii⁰ et du xix⁰ siècle. Tout ce qu'on y ajoute ne
doit pas altérer ces trois éléments essentiels, mais
seulement compléter en vue de besoins plus spéciaux, quoique généraux encore, la formule essentielle de l'enseignement *libéral*. Sans le troisième
élément, qui est la philosophie, l'esprit laïque et
même républicain se perdra nécessairement, au
profit du dilettantisme religieux, du dilettantisme
littéraire, de tous les dilettantismes qui recouvrent, sous des airs détachés, des intérêts de
classes ou des modes plus ou moins passagères.
Ce ne sont pas les sciences seules qui empêcheront
cet abaissement, car on peut allier beaucoup de
mathématiques et de physique à la plus profonde
ignorance des idées philosophiques, morales et
sociales. Beaucoup d'élèves de nos grandes écoles
en sont la preuve. Le positivisme scientifique peut

s'unir parfaitement au dilettantisme mystique, au catholicisme politique, à tout esprit de réaction, quel qu'il soit. Il faut donc aux âmes une nourriture solide, des principes, une doctrine rationnelle du monde et de la vie, que seule la philosophie peut fournir. De toutes les classes, celle qui laisse les traces les plus indélébiles, celle qui, par rapport aux précédentes, est un renouvellement et une initiative, celle qui ouvre des horizons inconnus et sans bornes sur le monde moral et social, c'est la classe de philosophie. Quiconque n'a point passé par là, eût-il des connaissances raffinées en littérature, des connaissances étendues en sciences, n'est au fond qu'un barbare. Il a reçu non un enseignement vraiment secondaire, mais, de quelque nom qu'on le décore, un enseignement primaire supérieur. Ce sera un amateur en lettres ou un contre-maître en sciences; ce ne sera pas un libre esprit, un vrai continuateur de la grande tradition philosophique, qui seule a distingué la France des autres nations attachées à leurs confessions religieuses, qui seule constitue en face de ces nations son originalité, sa raison de vivre et, quoi qu'en disent ses détracteurs ou ses envieux, son prestige vraiment *humain*.

IV

On a donné à la licence un caractère de spécialité, si bien qu'aujourd'hui les licenciés en histoire ou en lettres ne savent plus un mot de philosophie. Par une anomalie étrange, c'est la licence ès lettres, l'ancienne licence générale, qui est devenue une licence vraiment spéciale, étroite et fermée. Il faut rétablir la licence unique, n'y demander que des connaissances générales et y exiger toujours une composition de philosophie.

Il faut remplacer l'agrégation de grammaire par une agrégation des *classes* de grammaire où la grammaire n'aura que la place convenable sans tout absorber, où l'on se préoccupera de la formation littéraire et morale des maîtres futurs, qui importe plus que la métrique et la philologie. Pour cela, il faut exiger de tous les candidats une composition de psychologie et une composition de morale. De même, l'agrégation littéraire doit être une agrégation des *classes* de lettres, avec des épreuves écrites de psychologie et de morale. Mêmes épreuves dans l'agrégation d'histoire. Elles constitueront le meilleur cours de « pédagogie », le plus propre à former des professeurs qui ne soient pas de purs linguistes ou de purs rhétoriciens, de simples historiens ou géographes, et qui aient quelque influence vraiment morale sur leurs élèves. Un même esprit doit animer toute l'Université et cet esprit ne peut être que philosophique. Donnons donc franchement à tous les degrés de l'enseignement cette orientation nécessaire.

Depuis la République, l'instruction supérieure et l'instruction primaire ont été l'objet d'une éclatante faveur; les conseils locaux ont rivalisé de zèle avec les pouvoirs publics pour créer ou développer les établissements, enrichir les laboratoires, modifier le matériel d'enseignement. « Il n'est pas une seule commune peut-être en France, disait M. Gréard en 1880, que ce souffle de rénovation n'ait touchée et soulevée. » L'enseignement secondaire, cependant, restait dans le délaissement; et, comme il arrive parfois dans les mouvements d'opinion, « l'opinion s'en est prise à ceux-là même qu'elle frappait ». La tendance est aujourd'hui de sacrifier l'instruction secondaire, d'une part à la primaire et d'autre part à la supérieure. Le résultat a été la montée du néo-cléricalisme. En notre démocratie française, où, pour ne pas verser dans la démagogie, le grand centre de gravité doit être la classe moyenne, l'enseignement secondaire doit avoir la plus haute valeur, non seulement littéraire et scientifique, mais aussi philosophique, morale et *civique*. Faisons donc pour lui — il en est grand temps — l'équivalent des sacrifices qu'on a faits pour l'enseignement primaire. On est encore plus sûr ici du succès que de l'autre côté, car ce n'est pas d'apprendre à lire et à calculer qui transformera le peuple, tandis qu'on pourrait, si on voulait, transformer notre bourgeoisie, toute la partie moyenne et l'élite de la nation.

De son côté, l'enseignement supérieur doit se

garder du « fédéralisme » pédagogique aujourd'hui en faveur, qui romprait son unité. Qu'il se garde surtout de toucher à l'École Normale ; à côté des Facultés, de plus en plus vouées à la science pure et à la préparation technique, cette école peut seule « grouper toutes les disciplines », les diriger vers un même but de haute éducation. Mais surtout que l'enseignement supérieur se garde de porter atteinte à l'unité autonome de l'enseignement secondaire, ainsi qu'aux classes de philosophie qui l'assurent : il travaillerait ainsi à sa propre ruine. L'esprit de spécialité, dont l'utilitarisme est inséparable, constitue une sorte d'égoïsme intellectuel et une préparation à l'égoïsme moral ; à l'Université comme au lycée, la philosophie est le remède. Aujourd'hui que la base religieuse fait défaut et qu'on ne peut plus compter davantage, dans une démocratie, sur la base trop étroite et aujourd'hui chancelante des vieilles « humanités », la philosophie seule peut imprimer à toutes les études une direction universellement morale et sociale.

CHAPITRE VII

La réforme du Conseil supérieur.

Introduire des hommes politiques dans le Conseil supérieur et ne laisser aux universitaires, comme certain ministre le proposa jadis, qu'un droit de vote indirect, c'est en réalité vouloir organiser la représentation des « incompétences » et des irresponsabilités. M. Beaussire faisait justement observer en 1873 à l'Assemblée nationale que, parmi les grandes institutions de l'État, l'Université est placée dans une situation toute spéciale. Les autres institutions publiques s'imposent aux citoyens; l'Université, elle, depuis la loi de 1860, fait seulement appel à leur confiance; elle est placée dans les conditions de la libre concurrence. Elle réussit par ses mérites, par son élévation, par son désintéressement. « Puisqu'elle en a les chances et les périls, il faut qu'elle en ait aussi les garanties. » Il ne faut donc pas qu'elle ait à sa tête les instruments du pouvoir, lequel peut lui être hostile un jour, favorable l'autre. Quant aux représentants des prétendues « forces sociales », industriels, commerçants, etc., ils auraient une compétence douteuse; renfermés dans leur horizon professionnel, ils montreraient leur inévitable étroitesse de vues.

La vraie force sociale, où toutes les autres se résument, c'est l'Université même. Les Chambres n'agissent déjà que trop sur l'Université par les ministres de tout genre qu'on met à sa tête selon les hasards de la politique, et par les propositions que les députés votent souvent au pied levé. Un député ou un sénateur, *en tant que tel*, a-t-il donc une compétence particulière pour siéger dans un conseil d'enseignement? Pas le moins du monde, non plus que pour siéger dans un conseil d'ingénieurs ou de médecins. Quant au « lien » nécessaire entre le pouvoir public et le Conseil supérieur, c'est le ministre responsable. Et la Chambre, hélas! ne change ce lien fragile que trop souvent! Appeler l'élément politique dans un Conseil pédagogique, c'est confondre les pouvoirs, préparer les conflits, livrer l'enseignement de la jeunesse à ceux qui n'en peuvent être que le fléau. Déjà le mal est assez grand et pénètre de plus en plus dans l'Université elle-même. Celle-ci se voit envahie par un flot montant de maîtres étrangers à la culture libérale traditionnelle, professeurs de l'enseignement spécial, professeurs de langues vivantes, professeurs de sciences venus des classes modernes. Une sorte de foule pédagogique va submergeant de plus en plus l'élite de l'Université et finira, grâce au nombre, ce dieu du jour, par prévaloir dans ses propres conseils. Ici encore, c'est l'enseignement primaire supérieur avec ses annexes qui empiète de plus en plus sur le véritable enseignement secondaire.

On multiplie dans le Conseil les membres remplissant des fonctions très spéciales (par cela même incompétents sur la plupart des questions), ou occupant des rangs inférieurs de la hiérarchie (par conséquent moins indépendants).

L'adjonction des répétiteurs dans le Conseil de l'Instruction publique est une concession faite par la faiblesse à l'indiscipline et à l'insubordination. On oublie que le Conseil supérieur n'a pas pour but la représentation des intérêts de personnes, si respectables qu'ils soient, mais celle des intérêts généraux et nationaux. Les bacheliers professeurs de collège n'y sont pas représentés; les répétiteurs sont-ils donc au-dessus d'eux? On a demandé avec ironie pourquoi on n'enverrait pas aussi un représentant des élèves. L'invasion des idées d'utilitarisme grossier, l'empiètement des intérêts d'individus ou de classes est ici manifeste; c'est de la mauvaise démagogie au sein de l'Université.

Ajoutons que, dans le Conseil supérieur, on n'aurait pas dû adopter le mode trop simple de vote qui a si mal réussi en politique. Il appartient à l'Université de donner l'exemple du « suffrage organisé »; on ne saurait admettre que, dans les questions d'enseignement classique, par exemple, le vote du délégué des classes de rhétorique ou du délégué des classes de philosophie ne compte pas plus que celui du représentant des écoles primaires, qui peut ne rien entendre à la question. L'égalité entre les professeurs des hautes classes et les instituteurs ou inspecteurs primaires est pure injustice : si, par exemple, tout le travail nécessaire pour aboutir à l'agrégation de philosophie ne donne pas plus de compétence dans les questions d'enseignement que le certificat d'études primaires, à quoi bon approfondir la psychologie, la logique, l'esthétique, la morale et la sociologie?

C'est ici qu'il y aurait une place naturelle au vote plural, attribuant plusieurs voix aux membres du Conseil selon la hiérarchie universitaire, qui est celle même des talents, des compétences et des indépendances. Nous voudrions que, dans toute question relative à l'enseignement secondaire, les représentants de l'enseignement primaire n'ayant qu'une voix, ceux de l'enseignement secondaire en eussent plusieurs; les professeurs de grammaire, deux voix; ceux de lettres, trois voix, ceux de philosophie, quatre, etc.

Enfin, il est absolument nécessaire que le Parlement enlève à nos grandes Écoles spéciales le droit dont elles usent et abusent de régler leurs concours d'admission sans se concerter avec le ministère de l'Instruction publique. Cette habitude leur fait faire maladresse sur maladresse et, de plus, imprime par voie détournée la plus fâcheuse direction aux études universitaires. Celles-ci se trouvent subordonnées aux exigences de spécialistes trop indifférents à la culture morale et sociale. D'éducation, ils n'ont guère cure; et ils oublient que quiconque a une fonction dans l'armée, dans l'industrie, etc., a aussi, par cela même, une « mission ». Un semblable système ne saurait être toléré plus longtemps. Il rend injustement l'Université responsable de ce qu'elle n'a pas voulu, de ce qu'on a fait sans elle et contre elle; il subordonne les nécessités supérieures de l'éducation nationale aux calculs à courte vue des examinateurs de l'École polytechnique, de Saint-Cyr, de l'École centrale, etc. Ces examinateurs n'ont qu'un but : simplifier leur besogne en éliminant d'avance le plus de candidats possible par une effrayante surcharge des programmes. Ils appellent cela « une sélection! »

L'École polytechnique, en particulier, se garde bien de soumettre au Conseil supérieur de l'Instruction publique ses programmes qui, cependant, par la force des choses, règlent l'enseignement de nos classes de mathématiques spéciales. Il est indispensable que ces programmes d'admission, ainsi que ceux des autres grandes Écoles où l'on entre en sortant du lycée, soient désormais soumis *pour avis* au Conseil supérieur.

Un représentant des diverses grandes Écoles de l'État devra donc être adjoint au Conseil supérieur, pour servir d'intermédiaire entre ces écoles et l'Université. Quant à l'enseignement agricole, commercial et industriel, il est déjà représenté par un délégué du Conservatoire des arts et métiers, un de l'École centrale, un de l'Institut agronomique; on pourrait y ajouter un délégué de l'École des hautes études commerciales et des écoles supérieures de commerce, représentant l'enseignement commercial. Mais, encore une fois, il ne s'agit pas de constituer une assemblée de notables pris parmi toutes les catégories de fonctionnaires; il ne s'agit pas d'organiser une représentation des personnes, mais, ce qui est tout le contraire, une représentation de l'enseignement à ses divers degrés. Ce qui importe avant tout, c'est d'en exclure absolument tout homme politique. Une fois la porte ouverte, nous serions envahis. Laissez-leur prendre un pied chez vous, ils en auront bientôt pris quatre :

> La politique, hélas! voilà notre misère.

a dit le poète. Les grands intérêts de l'enseignement seront du coup subordonnés aux intrigues et aux marchandages politiques, aux passions de parti, aux intérêts d'un jour. Il suffira, dans la grande assemblée universitaire, de quelques politiciens, aujourd'hui radicaux, demain cléricaux ou socialistes, pour y introduire le ferment de trouble et de dissolution qu'ils portent partout avec eux. L'Université n'a pas besoin qu'on vienne lui faire des harangues sur les « nécessités modernes »; elle les connaît mieux que personne, ces nécessités, et elle sait aussi que sans les sacrifier, son devoir est de les subordonner aux exigences permanentes de l'éducation nationale, dont elle a été jusqu'ici la digne dépositaire.

CONCLUSION

I. — En résumé, l'éducation peut être examinée à deux points de vue : celui de l'individu, celui de la nation. Chez l'individu, elle doit former l'homme digne de ce nom et, de plus, capable de remplir un jour telle fonction déterminée dans le milieu où il doit vivre. De là la nécessité pour l'individu, et d'une culture générale et d'une préparation plus ou moins spéciale, la première désintéressée et qui n'en est que plus utile, la seconde plus utilitaire. Mais est-ce là tout ce que poursuit l'éducation ? Au-dessus de l'individu, ne faut-il pas considérer la société et, plus particulièrement, la nation ? C'est ce qu'on néglige de faire : on a les yeux tournés vers l'intérêt des individus ou vers leur culture personnelle, littéraire et scientifique; on oublie de les remettre par la pensée dans le grand organisme spirituel dont ils seront les membres, d'y déterminer leur fonction vraie et d'en déduire enfin le mode d'éducation qui leur convient. Le principal sophisme en faveur aujourd'hui, c'est de reporter la question sur le domaine individuel, quand elle est avant tout du domaine national et social. Ce ne sont pas les individus qui sont ici en question; il s'agit de savoir si, dans cette partie de la jeunesse française qui doit recevoir une éducation libérale, la culture franco-latine, avec la classe de philosophie qui en est le complément, n'est pas le meilleur et même l'unique moyen d'assurer des études vraiment désintéressées. Et il s'agit, en second lieu, de savoir si la France ne doit pas veiller, pour le maintien de son propre esprit et de sa propre gloire, à la conservation et à la sanction efficace des études classiques, partout en honneur, partout mises au premier rang, partout considérées comme la préparation nécessaire aux universités, aux grandes écoles, au droit, à la médecine, à l'enseignement, aux plus hautes carrières scientifiques et industrielles.

A côté de tant de services rendus, le gouvernement républicain a commis, sous l'influence des préoccupations électorales, de grandes fautes que les républicains sont les premiers à déplorer, car elles ont douloureusement retenti sur l'éducation et la moralité nationales. Il a favorisé l'alcoolisme par la loi sur les débits de boissons; il a encouragé la pornographie et la corruption par la loi sur la presse et par l'application qu'il en a faite; il a compromis les meilleures réformes de l'enseignement primaire en portant atteinte à la dignité des maîtres, dont il n'a pas rendu la nomination aux recteurs et qu'il a mêlés aux luttes politiques; enfin, il a rabaissé l'élite même de la nation et compromis l'enseignement secondaire (d'où dépend tout le reste) par la création d'un enseignement hostile aux études classiques et par les débouchés qu'il lui a injustement ouverts aux dépens de son aîné. Non seulement il a ainsi divisé l'enseignement secondaire contre soi-même, mais il a tourné contre lui, d'une part, l'enseignement primaire, d'autre part, l'enseignement supérieur. C'est une armée prise entre deux feux, qui, de plus, reporte ses propres armes contre son sein. Si elle résiste à de telles attaques, elle pourra rendre grâce à son étoile. Et, sans doute, il faut pardonner à ceux qui ne savent pas ce qu'ils font, mais les conséquences, elles, ne pardonnent pas. Elles vont sans cesse en progressant, par cette loi des civilisations modernes qui veut que les effets des mesures sociales croissent en progression géométrique. Laissez agir, sans y remédier, ces causes perturbatrices, et vous verrez grandir, avec une rapidité inquiétante, le « déséquilibre » simultané du peuple et de la bourgeoisie.

Il appartient au Sénat de protéger la démocratie contre ses propres entraînements : il l'a toujours fait, il le fera encore. Au nom des intérêts permanents de la nation il saura, s'il en est besoin, résister à une Chambre qui, trop soucieuse de plaire à des électeurs incompétents par des mesures pseudo-démocratiques, a failli récemment, au cours d'une discussion du budget, voter, le cœur léger, la destruction des études où la France a trouvé sa principale source d'influence intellectuelle et morale.

Les études classiques restent l'unique moyen d'entretenir au sein de la France l'élite d'esprits élevés et désintéressés, par cela même l'atmosphère de moralité supérieure sans laquelle une démocratie se rue à la démagogie. De plus, elles sont la vraie raison d'être de l'Université ; tout ce qui tend à l'abaissement et à la ruine de ces études tend donc à l'abaissement et, finalement, à la ruine de l'Université elle-même.

II. — Nous avons vu encore qu'il n'y a pas de vraies études secondaires sans le couronnement d'une philosophie sérieuse et complète. La philosophie, outre qu'elle accroît la valeur propre des individus, peut seule assurer les deux fonctions dont l'ensemble constitue la richesse spirituelle d'un peuple : unité spéculative de la culture intellectuelle, unité pratique de la vie sociale. Tous ceux qui s'occupent d'enseignement déplorent le rétrécissement des intelligences, l'espèce d'égoïsme intellectuel et d'individualisme moral produit par l'envahissement des spécialités; pour contrebalancer cet esprit, les études philosophiques sont et seront de plus en plus indispensables. Ceux qui n'ont point fait ces études dédaignent les idées générales, les « principes », et ils prétendent s'en passer! En réalité, — on en a fait mainte fois la remarque, — ils acceptent sans contrôle, parmi les idées courantes, celles qui répondent le mieux à leurs préjugés individuels et ils les érigent indûment en principes. De là cette sorte d'anarchie théorique dont nous venons de parler et qui se traduit inévitablement en anarchie morale, avant-goût de l'anarchie sociale. La philosophie est le seul moyen d'empêcher un faux dogmatisme, de rappeler la science à la modestie que lui conseillait jadis Socrate, qu'il lui conseillerait de nouveau aujourd'hui sans se laisser éblouir par toutes nos découvertes. La philosophie est aussi le seul moyen de prévenir le scepticisme, qui résulte nécessairement du chaos d'idées scientifiques ou de vues historiques et littéraires au milieu duquel se débattent les esprits. Il faut donc rendre la philosophie obligatoire pour tous les élèves et la considérer comme la caractéristique même de l'enseignement secondaire.

Attendre, comme on le fait aujourd'hui, la dernière année des études pour initier les jeunes gens aux problèmes de la vie et de la conduite, c'est attendre bien tard : le professeur de philosophie aura grand' peine à produire, en bien des esprits mal préparés, une transformation complète et définitive, une sorte de conversion. D'autre part, il importe au plus haut point de ne pas enlever à l'enseignement final de la philosophie son intérêt et sa nouveauté en le déflorant, pour ainsi dire, dans les années précédentes, par des aperçus fragmentaires et insuffisants. On pourrait cependant, selon nous, charger le professeur de philosophie d'enseigner, dès la troisième ou la seconde, les éléments des sciences morales et sociales, principalement la morale pratique, la sociologie élémentaire et l'économie politique, sans empiéter sur les questions proprement philosophiques. Celles-ci seraient réservées, avec l'étude des bases de la morale et de ses grandes conclusions, à la classe de philosophie terminale, obligatoire pour tous les élèves.

III. — Nous avons montré combien il importe d'introduire un nouvel esprit dans l'enseignement moderne en lui donnant une direction pratique. La progression effrayante des candidats au baccalauréat *moderne* ajoute un second mal à la proportion exagérée des bacheliers classiques; la maladie du diplôme gagne les élèves des écoles primaires, ceux des frères et des autres congrégations, qui, profitant de ce que le nouvel enseignement sans latin est tout à fait à leur portée, font une concurrence croissante à l'Université. On sait que le succès à l'examen est la grande et parfois unique préoccupation des établissements libres, soit laïques, soit religieux. Tous ces bacheliers nouveaux, que l'on prétendait voués à l'industrie et au commerce, trouvant là comme partout les places remplies, demandent à grands cris des « débouchés »; traduisez : l'accès du droit et de la médecine, déjà encombrés, l'accès des administrations et du fonctionnarisme, non moins encombrés et encombrants. L'enseignement moderne, ainsi dévié de sa vraie destination, sert à augmenter le mal que ses créateurs avaient la prétention de guérir. Il n'a pas peu contribué, comme nous en avons donné des preuves, à la « crise de l'Université », à l'affaiblissement contagieux des études, à l'augmentation finale du « prolétariat intellectuel ».

Toutes les fois que l'Université se verra imposer par les politiciens un abaissement quelconque du niveau de l'instruction secondaire, elle s'apercevra bientôt qu'on a travaillé, sans le vouloir, en faveur de ses propres ennemis, et que les représentants du républicanisme le plus radical se sont faits les collaborateurs inconscients de la « réaction » sur laquelle ils ne cessent de gémir. Leurs prétendues mesures démocratiques se retournent contre la démocratie.

Avec l'organisation actuelle de l'enseignement moderne comme rival de l'ancien, l'Université porte son germe de mort dans son sein. Et ce qu'il y a de pire, c'est que, du même coup, l'élite de la nation étant amoindrie, c'est la nation tout entière qui est menacée dans sa grandeur et dans son influence. Aussi importe-t-il que les institutions qui, comme l'Université, ont précisément pour but d'inspirer à la jeunesse les pensées et sentiments dont la nation vit, demeurent elles-mêmes vivantes et florissantes.

L'Université ne saurait donc être plus longtemps coupée en deux et trois tronçons ; pour qu'elle maintienne l'unité de l'esprit national, il faut qu'elle commence par être une. N'ayons qu'un enseignement classique, simplifié et réformé en vue de la situation présente; mais qu'il soit bon et se couronne pour tous, sans exception, par de fortes études philosophiques, morales et sociales. Rendons-lui la plénitude, je ne dis pas de ses privilèges, mais de ses droits, si c'est un droit pour ceux qui ont fait des études supérieures de ne pas être mis sur le même niveau que ceux qui s'en sont tenus à des études inférieures et plus expéditives.

Quant à l'enseignement moderne, tant qu'il se posera en concurrent du classique, tant que, avec un an de moins et des études plus faciles, il réclamera iniquement « l'égalité »; tant qu'il s'érigera en préparateur rival aux fonctions libérales et aux grandes écoles, en aspirant fournisseur des Facultés de médecine et de droit, en fabricant de bacheliers au rabais et de fonctionnaires superflus, tous ceux qui ont souci des grands intérêts de la nation devront le repousser comme antinational. Qu'il renonce à tout baccalauréat, qu'il cesse de singer le classique, d'étudier en français Homère et Sophocle; qu'il se réduise à quatre années, qu'il se tourne exclusivement et définitivement vers l'industrie, le commerce, l'agriculture, les besoins coloniaux, c'est là son unique raison d'être, son digne moyen de servir la nation à sa manière et dans son domaine propre, au lieu de contribuer à la ruine des études libérales et, par cela même, de l'influence française.

Maintenons donc la hiérarchie naturelle au lieu de poursuivre un nivellement factice, qui ne peut s'obtenir que par l'universel abaissement. Si l'État prend à tâche de distribuer dans ses lycées (à perte et avec un déficit de dix millions, que nous ne regrettons pas) le plus haut enseignement secondaire, ce n'est pas pour laisser ensuite ouvertes aux médiocrités égoïstes les fonctions publiques et les carrières libérales; ce n'est pas non plus simplement pour armer l'individu dans l'âpre concurrence pour la vie; l'État doit travailler pour l'État, non pour vous ou pour moi; il doit enseigner pour tous et en vue de tous, même de ceux qui ne sont pas encore nés et qui, en définitive, sont la vraie majorité nationale.

La démocratie bien entendue ne consiste pas à supprimer et à niveler toutes les différences d'instruction et d'éducation, à rétrécir et à rabaisser les horizons pour tout le monde, à rendre tout le monde peuple. Le peuple n'y gagnerait rien; son plus grand intérêt est, au contraire, d'avoir quelque chose au-dessus de lui-même où il puisse aspirer et atteindre, une sorte de classe supérieure non fermée, non érigée en caste, qui doive ses titres non à la seule fortune, mais à une éducation plus haute. De même qu'il est dangereux de trop rapprocher l'art du goût du grand nombre, du goût des plus ignorants ou des plus mal élevés, de même il est dangereux, surtout dans une république, de rendre toute l'éducation *primaire* et *populaire*, d'y supprimer les degrés et la hiérarchie, d'y faire s'évanouir l'élite ou, ce qui revient au même, de la restreindre au point de la rendre impuissante, stérile, impossible à recruter. Voyez l'Espagne : elle a eu, elle a encore une élite, mais si maigre, si difficile à faire surgir d'une masse profondément ignorante et bornée !

Au lieu de ridiculiser le prestige des études classiques, félicitons-nous de ce que quelque chose a encore du prestige auprès du peuple, quelque chose d'intellectuel et d'artistique, quelque chose qui n'est pas l'argent ou le pouvoir. Mieux vaut qu'un père dise avec orgueil de son fils : Il a fait toutes ses classes et sa philosophie, que de dire : Il aura tant d'écus ! Tout n'est pas absurde dans le « préjugé bourgeois » dont on se moque tant aujourd'hui. Le philosophe qui ne se laisse pas prendre aux apparences y reconnaîtra une sorte d'instinct très légitime, le sentiment obscur que, dans les démocraties, le principal danger est l'oubli des intérêts généraux et intellectuels au profit des intérêts matériels et professionnels.

Enfin, si on se place au point de vue de la politique républicaine en France, ce serait, croyons-nous, le comble de la maladresse que de vouloir, dans une foule de villes de province et même dans de grands centres, livrer de plus en plus au clergé ou aux congrégations, déjà si envahissantes, le monopole des études classiques, au lieu de les généraliser dans les classes supérieures et moyennes, au lieu de maintenir ainsi *laïquement* la grande tradition littéraire, juridique et religieuse de notre nation. Changer l'Université de France en une vaste école primaire, c'est la rabaisser et même la détruire, car c'est lui enlever sa vraie raison d'être, ses titres de noblesse, son action salutaire sur l'élite et sur les gouvernants. En même temps, c'est faire déchoir la France entière devant les autres nations en abandonnant à celles-ci l'honneur et les avantages des études classiques, dont elles sont déjà fières, dont elles seraient plus fières encore si elles pouvaient dire : « La France, la grande France est devenue un pays primaire! »

Si les autres nations avaient toutes renoncé au latin comme base de l'instruction secondaire, je comprendrais qu'on se demandât : « Faut-il le conserver en France? » Mais nous, Français, commencer! Donner aux autres cet exemple de trahir la civilisation latine au profit des Anglo-Saxons, des Germains et des Slaves! Et cela, quand notre puissance politique a diminué, que notre population est stagnante et qu'il nous reste surtout notre ascendant littéraire, artistique, philosophique et social! Ah! si la République américaine avait derrière elle le passé et les gloires de la France, et sa littérature triomphante, et sa philosophie de lumière, et l'éblouissement de ses arts, ce n'est pas elle qui, de ses propres mains, briserait ses traditions, renierait sa noblesse et « aspirerait à descendre »!

Tout ce qui sera fait contre l'enseignement classique et contre les études latines sera fait contre la France et contre l'Université, au profit des ennemis de la France et des rivaux ou adversaires de l'Université. Plus, au contraire, les études classiques seront maintenues haut, plus elles auront de valeur littéraire et surtout de portée philosophique, et mieux elles assureront avec l'influence internationale de notre pays, de notre littérature, de notre philosophie, de notre sociologie, la prééminence nationale de l'Université de France, grand rempart du libéralisme. L'intérêt de l'Université est dans l'élévation philosophique, littéraire et scientifique des études; il se confond ainsi avec l'intérêt même du pays; tout ce qu'elle concédera au prétendu esprit du jour se retournera contre elle-même : son salut est en haut, *sursum*, non en bas, et c'est ce qui fait sa grandeur.

La loi de la concurrence est une des plus importantes lois sociales, mais elle doit prendre une forme de plus en plus pacifique et substituer à la lutte armée la lutte économique ; c'est donc un devoir en même temps que c'est un intérêt, pour les nations, de s'armer en vue d'une lutte de volontés et d'intelligences qui est le remède à la violence et à la guerre, et qui sera un jour, nous l'espérons, la seule forme de combat entre les peuples. Une grande nation ne doit négliger aucun des besoins dont la satisfaction est nécessaire et à sa vie spirituelle et à sa vie matérielle. Son enseignement doit donc être établi de manière à satisfaire ces deux grandes catégories d'intérêts : les études classiques répondent aux premiers, les études scientifiques pratiques et même techniques répondent aux seconds. Seulement, ne l'oublions pas, les besoins d'ordre intellectuel et moral ont, par opposition aux autres, ce caractère que, plus ils sont intenses, moins ils sont sentis. Qui manque de nourriture pour son corps éprouvera le tourment de la faim, mais l'esprit ne sent pas son propre mal. Et c'est pourquoi l'État, surtout démocratique, doit exiger avant tout qu'on donne à la jeunesse, par une culture vraiment libérale et désintéressée, ce que Pascal appelait la « faim des choses spirituelles ». Se fier pour ce soin aux enfants eux-mêmes, à leurs pères, à leurs mères, aux pouvoirs locaux, aux diverses administrations, c'est la plupart du temps compter sur les aveugles pour entretenir la lumière. Le désintéressement et le souci de l'idéal sont nécessaires à un grand peuple. Malheur à la politique qui ne dépasse pas la politique! Sous prétexte d'intérêts immédiats et visibles, elle prépare l'abaissement futur et la perte de la nation entière.

APPENDICE

I

« L'égalité des sanctions » pour les études inégales.

Schwalbach-les-Bains, le 2 août 1898.

Monsieur le directeur du *Journal des Débats*,

Au milieu d'un voyage en Allemagne, je n'ai eu connaissance que très tard du remarquable discours prononcé par M. le ministre de l'instruction publique au grand concours des lycées. M. le ministre m'a fait l'honneur de discuter les thèses que j'avais soutenues ici même et dans la *Revue politique et parlementaire*. Transportant la tactique des Chambres en Sorbonne, le fondateur de l'Enseignement moderne, avec son habileté et son éloquence accoutumées, s'est efforcé d'intervertir les rôles et a semblé prendre en main, contre moi-même, la défense du latin et du grec, sauf à réclamer ensuite pour l'enseignement moderne une « égalité des sanctions » qui assurerait la mort des études classiques.

Si, en effet, dans le discours du grand maître de l'Université l'on supprime de fort beaux développements oratoires, la conclusion pratique et politique qui s'en dégage nettement est la suivante : dès que l'occasion redeviendra favorable, le ministre demandera aux Chambres « *l'égalité des sanctions* » *pour des études inégales*. C'est à ce sujet que, par une sorte d'ironie, il invoque le principe de « justice ».

Ainsi, deux genres d'études sont inégaux sous le rapport de la durée, de la qualité, de la « direction ». Inégaux en *durée*, puisque l'enseignement moderne dure un an de moins, qu'il peut encore être abrégé, qu'on parle de le réduire à quatre années, qu'il est effectivement réduit à quatre ou trois ans par les congrégations, par les écoles des Frères, par tous les établissements primaires, où prospère de plus en plus la préparation expéditive au baccalauréat moderne, et sur lesquels M. le ministre a fait un silence prudent.

Inégaux en *qualité*, puisque l'enseignement moderne est notoirement plus facile, plus à la portée du grand nombre, plus rapproché du simple emmagasinage scientifique, historique et géographique, moins tourné vers la haute culture littéraire et philosophique, plus préoccupé de l'utile que du beau, de la pratique que de la spéculation.

Inégaux par le *but* et la *direction*, puisque l'enseignement classique a essentiellement pour objet, avec une éducation toute libérale, les fonctions également appelées libérales, qui, bien comprises, devraient être avant tout des missions désintéressées, — missions de justice pour les avocats et magistrats, missions d'enseignement et d'éducation pour les professeurs, missions de salut physique et mental pour les médecins, — avec toutes les responsabilités morales qu'un tel rôle social entraine. Quand à l'enseignement spécial modernisé, son unique raison d'être, pour ne pas constituer le plus désastreux *double emploi*, est dans une orientation franche vers le commerce, l'industrie, l'agriculture, la colonisation, où il est naturel que dominent le souci de l'utile et les intérêts d'ordre matériel. Pour être d'une nécessité absolue, ces intérêts n'en sont pas moins, moralement et socialement, inférieurs aux autres.

Dans ces conditions, qu'est-ce que réclameraient également et la logique et la « justice »? Que chaque ordre d'enseignement restât dans son domaine propre, que le nouveau ne dépouillât point l'ancien de ses légitimes conditions d'existence, que le plus court, le plus aisé et le moins élevé ne fût pas déclaré équivalent à l'autre. Comment donc ose-t-on nous annoncer, comme une réforme de justice, l'égalité des sanctions pour des enseignements inégaux! Le jour où cette égalité serait obtenue, une souveraine iniquité serait accomplie.

C'est contre cette iniquité, — dont le but politique est de plaire, soit à une fausse et niveleuse démocratie, soit à des électeurs avides pour leurs enfants de diplômes au rabais conduisant à des places ou à des dispenses militaires, — c'est contre cette iniquité que nous avons protesté et protesterons jusqu'au bout. Outre qu'elle est une flagrante violation du droit, une telle concession est en même temps contraire au véritable intérêt national, démocratique, républicain, car elle entraîne l'extinction à bref délai de ces études classiques dont les partisans de l'enseignement moderne célèbrent platoniquement les louanges. Devenu pour la circonstance un chaud soutien du grec, M. le ministre ne veut pas que l'on réduise les études grecques pour le gros des élèves, comme nous l'avons proposé, tout en réservant des classes supplémentaires de grec à l'élite à partir de la troisième ; il trouve aussi insuffisantes, même pour le gros des élèves, deux ou trois classes de latin par semaine, c'est-à-dire deux versions et des explications, avec classes supplémentaires de latin pour la division littéraire. Il ne veut pas, ajoute-t-il, que « la prière sur l'Acropole soit mise dans *le Voyage autour du monde en quatre-vingts jours* » ! Par malheur, tandis que quelques élèves, de plus en plus voisins de zéro, s'attarderont à gravir la colline sacrée, on aura eu soin d'ouvrir toutes grandes aux autres les carrières jadis réservées aux « meilleurs », dans le sens grec du mot, et, comme on ne vit pas seulement de « prières sur l'Acropole », les études classiques seront bientôt mortes et l'Acropole déserte.

Lisez ce qu'écrivent dans tous les journaux les partisans de l'enseignement moderne : — Commencez, disait récemment l'un d'entre eux, par nous donner des *debouchés* : le droit, la médecine, le professorat et tout le reste; après cela nous verrons à perfectionner et à concentrer en quatre années l'enseignement moderne! — On voit qu'ils parlent en vrais industriels de l'enseignement ; ce sont ceux-là, à ce qu'il semble, qui veulent faire le tour du monde en quatre-vingts jours et arriver le plus tôt possible. N'ayant en vue que les *débouchés* de leur marchandise, ils font passer en dernier lieu la qualité des études et la dignité des professions libérales, déjà trop encombrées. L'égalité qu'ils réclament, eux aussi, c'est encore celle d'un enseignement facile de quatre années avec un enseignement difficile de sept ans. Tel est le nouveau genre d'égalitarisme que, dans l'âpreté de leurs convoitises, préconisent les « radicaux » de la pédagogie ! Que deviennent en tout cela les intérêts de la haute culture nationale, le niveau des études à maintenir, le renom et l'influence de la France à sauvegarder devant les autres nations, qui favorisent les études classiques tout en faisant leur part légitime aux études industrielles et commerciales?

De deux choses l'une : ou l'enseignement moderne est aussi prospère que veut bien le dire M. le ministre de l'instruction publique, et alors, comment a-t-il besoin, pour se sauver, de « débouchés » qui ne sont autre chose que le domaine propre des études classiques? Ou l'enseignement moderne périclite, en dépit de l'optimisme officiel, et alors son vrai moyen de salut n'est-il pas de revenir à sa destination primitive qui est *pratique*, au lieu de vouloir, par une concurrence à bon marché, tuer le classique et se mettre à sa place ? N'avais-je pas le droit et le devoir, bien que M. le ministre me reproche cette expression, de définir un pareil système : l'invasion des carrières libérales par « les médiocrités égoïstes », c'est-à-dire par les parents et les enfants qui, en vue d'intérêts personnels, veulent usurper les avantages d'une haute culture libérale dont ils ont eu soin de se dispenser.

Et si j'ai ajouté que chacun doit rester à sa place, que l'instruction primaire plus ou moins modifiée ne doit pas se substituer à l'instruction secondaire, pas plus que celle-ci à l'instruction supérieure, est-ce une raison pour m'accuser de « méconnaître ou de n'avoir jamais connu l'admirable travail d'éducation morale et sociale qui s'accomplit dans la moindre de nos écoles de village » ? Je suis, pour plus d'un motif, parmi les derniers qui puissent paraître indifférents ou étrangers à l'éducation du peuple. Mais l'amour profond que j'ai pour le peuple ne me fera jamais oublier que l'enseignement primaire, plus ou moins perfectionné ou développé, n'est pas toute l'instruction nécessaire à un pays comme la France, qui a derrière soi un long passé de gloire littéraire et philosophique.

L'intérêt même de l'éducation populaire est d'avoir au-dessus d'elle une instruction vraiment supérieure d'où elle reçoive des lumières comme d'un foyer sans cesse plus ardent. La vraie démocratie est celle qui veut monter toujours, non celle qui, nivelant tout sous prétexte d'une fausse égalité, se condamne à toujours descendre.

Veuillez agréer, Monsieur le directeur, l'assurance de ma haute considération.

Alfred Fouillée.

Le *Temps* ayant soumis à la discussion la lettre qu'on vient de lire, nous lui avons adressé la réponse suivante :

II

« Humanités modernes » ou enseignement pratique ?

Schwalbach-les-Bains, 9 août 1898.

Monsieur le directeur du *Temps*,

Au lieu de suivre votre rédacteur en une discussion syllogistique qui risque d'être sophistique, permettez-moi de replacer la question de l'enseignement sur son vrai terrain, qui est l'intérêt national.

Oui ou non, la France a-t-elle besoin qu'en son sein subsiste une élite, plus nécessaire encore dans une démocratie enveloppée de gouvernements aristocratiques, ses rivaux et ses ennemis?

Oui ou non, la France a-t-elle besoin qu'on impose les plus hautes garanties possibles de culture littéraire et philosophique à ses magistrats, à ses avocats, à tous ceux qui auront le droit à défendre, la justice à assurer? A-t-elle besoin qu'on les impose aux professeurs qui doivent former les générations appelées à diriger le pays et à relever son influence? A-t-elle besoin qu'on les impose aux médecins, aux gardiens de la santé privée et publique, qui ne doivent pas devenir de simples manœuvres spécialistes ou de simples industriels?

Réserver à l'un des enseignements les carrières libérales, orienter l'autre vers les carrières pratiques, assurer ainsi à chacun d'eux son domaine propre, au lieu de les tourner l'un contre l'autre, ce n'est pas, comme le soutient votre rédacteur, perpétuer « un monopole suranné »; les conditions de haute culture générale, littéraire et philosophique, ne sont pas « un mandarinat intolérable ». Si l'on a la faiblesse d'ouvrir les écoles de droit et de médecine à quiconque voudra passer les examens spéciaux « à ses risques et périls », pourquoi ne pas admettre aussi les élèves des écoles primaires, comme l'a demandé logiquement le conseil départemental du Cantal? D'égalité en égalité, nous arriverons à l'abaissement de tout et de tous.

L'Université l'a bien compris. Par ses votes, elle n'a cessé de réclamer qu'on orientât l' « Enseignement moderne » vers la pratique, vers les professions industrielles, commerciales et coloniales, qui ont besoin d'être favorisées et relevées. Le ministre, au contraire persiste à vouloir des « humanités modernes » en concurrence avec les anciennes, destinées à fabriquer de nouveaux avocats, médecins et fonctionnaires, pour des fonctions déjà encombrées et menacées de « médiocratie ». La France manque-t-elle donc d' « humanistes », et ce qui se fait sentir aujourd'hui, est-ce vraiment le besoin de ces nouvelles « humanités » ? Les anciennes ont-elles démérité, elles qui formèrent en France les Cuvier, les Dumas, les Le Verrier, les Claude Bernard et les Pasteur; en Allemagne, les Helmholtz et les Dubois-Reymond; en Angleterre, les Darwin, les Huxley, les Tyndall, les Thomson, et combien d'autres?

Non, la création d'humanités nouvelles est une superfétation et un non-sens, si elles n'ont pas pour but caché, sous les apparences dont on les décore, de ruiner les études classiques en leur arrachant l'un après l'autre tous leurs moyens d'existence et tous leurs « adeptes ». Et c'est se moquer que de répondre: Puisque les études classiques sont si « désintéressées », elles doivent consentir à leur propre mort !

Par une tactique désespérée, les amis du ministère espèrent justifier les humanités nouvelles en nous faisant croire que cet enseignement à double fin, qui prétend être à la fois pratique et libéral, accomplit ce miracle d'égaler les études classiques. Mais si le niveau, la difficulté et la durée sont vraiment « les mêmes », comment se fait-il que les frères des Écoles chrétiennes, que les maristes, que beaucoup d'instituteurs, soient devenus si aisément des préparateurs au baccalauréat moderne, ce qui, en créant aux établissements d'instruction secondaire une redoutable concurrence, n'a pas peu contribué à la fameuse « crise de l'Université » ? Quelque mal qu'on dise des « fours à bachot » classiques, encore faut-il qu'ils parviennent à faire faire aux élèves, le jour de l'examen, une version latine suffisante et une suffisante dissertation philosophique, ce qui ne s'improvise pas. Si les jurys classiques ne se montrent pas assez sévères, qu'on les oblige à l'être davantage, au lieu de changer les établissements primaires eux-mêmes en officines de baccalauréat moderne et de rabaisser de plus en plus les matières d'examen en les mettant à la portée de tous.

Il est bien vrai que, sur la proposition de M. Goblet et de M. Doumer, les élèves « modernes » ont été « admis à l'École polytechnique, à Saint-Cyr, au professorat des sciences, etc. ». Mais nous avons toujours protesté contre cette admission imprévoyante, et nous avons prédit qu'elle en entraînerait d'autres encore plus injustes. M. Goblet lui-même, récemment, se joignait à M. Jaurès pour refuser avec énergie aux modernes l'ouverture des écoles de droit et de médecine, dans la crainte que « la mauvaise monnaie ne chasse la bonne ». Quant à l'École polytechnique, elle est si peu persuadée de la prétendue « équivalence des deux enseignements », qu'elle accorde aux classiques une prime de trente points et regrette amèrement la faute du ministre de la guerre en voyant que son recrutement devient inférieur.

En somme, on trahit les « humanités » en rabaissant et en abrégeant les études et en les divisant contre elles-mêmes par la dualité d'enseignements rivaux et hostiles.

On trahit du même coup les professions industrielles, commerciales et coloniales, en détournant une nouvelle masse d'élèves vers la chasse aux diplômes et vers les professions libérales envahies. Les intérêts matériels et intellectuels de la France sont donc en même temps sacrifiés aux insatiables appétits de l'enseignement moderne entraîné à rebours de sa vraie fin.

Je ne saurais prolonger indéfiniment ce débat. Préoccupé uniquement des intérêts nationaux, sans aucune superstition pour le latin et le grec, j'ai écrit avec l'indépendance et la sincérité d'un philosophe ce que je considérais comme un devoir d'écrire. J'ai publié jadis tout un livre sur l'enseignement; j'en achève un autre sur les études classiques et la démocratie. Après avoir fait ainsi, et au delà, ce qui dépendait de moi, il ne me reste plus qu'à laisser aux politiciens la lourde responsabilité de mesures que je considère comme de nouveaux et sûrs moyens d'abaissement pour mon pays.

Veuillez agréer, Monsieur le directeur, l'assurance de ma haute considération.

ALFRED FOUILLÉE.
Membre de l'Institut.

TABLE DES MATIÈRES

Introduction 1

Chapitre I. — Nature, but et bases rationnelles de l'enseignement libéral. 1

Chapitre II. — La « crise » de l'Université et ses vraies causes. 46

Chapitre III. — Réformes nécessaires dans l'enseignement classique. Leur appropriation aux « besoins modernes ». 72

Chapitre IV. — Nécessité universelle des études philosophiques, morales et sociales 125

Chapitre V. — Réforme de l'enseignement moderne; sa transformation en enseignement pratique. 145

Chapitre VI. — La réforme du baccalauréat. 184

Chapitre VII. — La réforme du Conseil supérieur 212

Conclusion 220

Appendice. 259

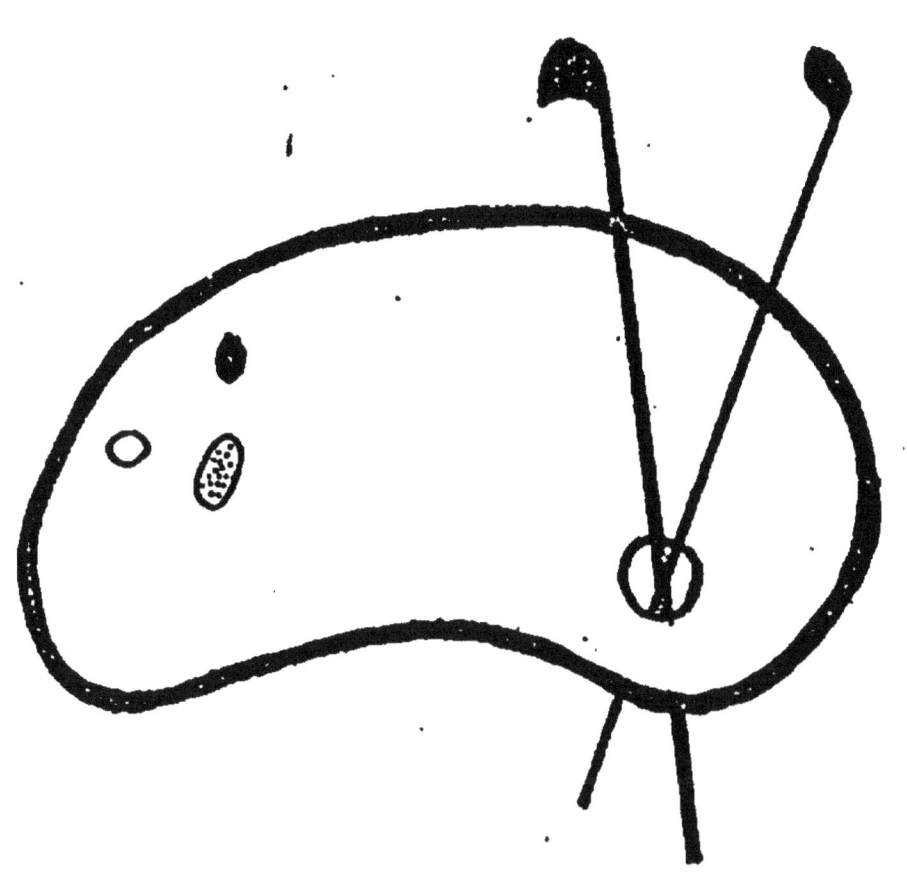

ORIGINAL EN COULEUR
NF Z 43-120-8

www.ingramcontent.com/pod-product-compliance
Lightning Source LLC
Chambersburg PA
CBHW050323170426
43200CB00009BA/1439